Denis Dirot

Moralische Werke - Zweiter Teil

Dessen Abhandlung von den Leidenschaften

Denis Dirot

Moralische Werke - Zweiter Teil
Dessen Abhandlung von den Leidenschaften

ISBN/EAN: 9783743477483

Hergestellt in Europa, USA, Kanada, Australien, Japan

Cover: Foto ©Thomas Meinert / pixelio.de

Weitere Bücher finden Sie auf **www.hansebooks.com**

An meinen Freund.

Die Freundschaft erregt in meiner Seele ein so vorzügliches Gefühl gegen Sie, daß ich sie zu entehren glaubte, wenn ich selbe, mit demjenigen so durch Blutsverwandschaft entstehet, vergleichen wolte. Der Zug der mich zu Ihnen trägt, komt nicht von dem Naturtriebe her. Mein Hertz ist nicht aus Zufall Ihre, sondern aus eigner Wahl. Eine glückliche Uebereinstimmung brachte den Geschmack der uns verbindet, hervor; durch Hochachtung hat er zugenommen, und die Gewohnheit, weit entfernt seine Lebhaftigkeit zu vermindern, scheint ihm mit jedem Tage neue Reizungen zu geben. Die

II. Theil.   A   Hul-

Huldigung welche ich Ihnen mit gegenwärtigen Versuche bringe, ist ein Geschenck des Gefühls, welches Ihre Freundschaft gegen mich, Ihnen werth machen wird. Dies wird sein vornehmstes Verdienst seyn; wenn Sie ihm Ihren Beyfall geben, so werden alle meine Wünsche erfüllt.

Von den Leidenschaften.

Einleitung.

Nachdem ich ohne Zweifel nur mit zu schwachen Farben, das allerschäzbarste, das aller sanfteste und vielleicht das aller zärtlichste Gefühl, dessen die Tugend allein würdig ist, und welches einzig und allein Glückselige machen kan, geschildert habe, wie kann ich nun wohl durch die Verschantzung dringen, welche die Freundschaft von denen aufrührischen Bewegungen die die Leidenschaften in uns erregen, absondert? Das Herz ist noch voll von der süssen Wollust, welche nur allein die Freundschaft darinnen zuverbreiten das Recht hat: Werde ich mich ihr wohl entreissen können, um mich denjenigen ungezähmten Aberwitze zu überlas-

sen,

sen, welcher allein einen Begrif von dem Zus
stande unserer Seele geben kan, wenn die lei=
denschaften sich ihrer bemächtiget haben? Darf
ich mir schmeichlen ihre Züge nicht zu schwächen,
indem ich unternehme ihre gefährlichen Folgen
zu beschreiben? Wie soll ich denjenigen bren=
nenden Eifer, welcher in jungen Leuten durch
das Aufwallen der Sinne ohne Aufhören erregt
und unterhalten wird, in die Seelen meiner
Leser bringen; dieses Feuer welches sie durch
täglich neu werdende Begierden verzehrt, und
welches so gar durch die Mittel die es aus lö=
schen solten, sich noch mehr entzündet; diese
Wuth der Eifersucht, welche macht daß der
Haß in dem Schooße der Liebe triumphirt; die=
sen unersättlichen Durst, die Welt durch den
Ruf von seinem Nahmen zu erfüllen: Schreck=
liche Leidenschaft, welche man an ihren Aus=
schweifungen erkennt, und welche durch keine
Hinderniß aufgehalten werden kann; welche
durch Wiedersetzung aufgebracht wird, und
deren Genuß die Begierden nur noch mehr an=
feuert; welche Laster gebahr, so gar schon ehe
die Welt geschaffen war, welche ohne abläßlich
die Hölle mit sich herumführet, deren erstes
                                   Schlacht

Schlacht Opffer sie war. Diese Schilderung so
schrecklich sie auch ist, enthält inzwischen doch
die Geschichte des menschlichen Herzens. Sie
ist das Bild der gantzen Welt. Zu wagen dieses zu entwerffen, erforderte es ohne Zweifel
einen andern Pinsel als den meinigen; allein
die Stärcke der Züge und die Lebhaftigkeit der
Farben, welche den bestimten Character der
Leidenschaften ausmachen, führen, das sie zu
erkennen nöthige Licht, mit sich herum. Die
Wahrheit rührt alle Menschen, sie hat keines
Putzes nöthig: Könte ich es denn nicht verdun-
ckeln, oder wenigstens der Natur einen Schleyer
umgeben, wenn ich die Gabe nicht habe sie zu
zieren.

Nachdem Schlusse der berühmtesten Welt-
weisen, ist jedes übertriebene Gefühl eine Leidenschaft, so achtungswerth es auch im Grunde seyn möchte; weil die Vernunft welche allein
würdig ist uns zu regieren, keine Auschwei-
fung zu läßt. So bald wir also die Gräntzen
welche sie uns vorgeschrieben hat überschreiten,
so werffen wir das Joch ab welches uns durch
die Natur aufgeleget war, wir sind nicht mehr

in

in der Ordnung, wir verdienen nicht mehr
glücklich zu seyn, wir sind es auch in der That
nicht, und indem wir dem Ungestüme unserer
Neigungen ohne Zügel überlassen sind, ist unser Leben nichts als ein Kreiß von Fehltritten,
welche die Umstände in welchen wir uns befin-
den mehr oder weniger gefährlich in Ansehung
ihrer Folgen machen, die jedoch von beständiger
Unruhe begleitet sind.

So ist indessen das Leben der Menschen,
oder wenigstens des grösten Theils derselben,
beschaffen. Es ist nichts als ein Gewebe von
Leidenschaften, die oft untereinander durch unbemerckliche Glieder verbunden sind, die aber
doch von einer solchen Art sind, daß keine Gewalt sie trennen kann. Man nutzt sie zuweilen
ab, aber sehr selten zerbricht man sie, und Leidenschaften welche man durch den Ueberdruß,
oder weil sie durch andere verdrängt worden,
verlöscht zu seyn glaubt, stehen bald aus ihrer eigenen Asche wieder auf und vernichten
ihrer Seits diejenigen, welche bißher ihre Meister gewesen waren.

Dies

Dieser schwache Entwurf, ist nichts als ein sehr unvollkommenes Gemählde von der Beschaffenheit der Menschen: Unglücklich an sich selbst, und noch tausendmahl unglücklicher durch die Tyrannen welche sie sich selbst schaffen, und welchen sie sich freywillig übergeben, wegen ihrer eigenen Untüchtigkeit ohnaufhörlich genöthiget zu äusserlichen Gegenständen Zuflucht zu nehmen, hoffen sie in selben wenigstens Scheinmittel zu finden, wenn es keine würcklichen Mittel wieder den Verdruß sind, der sie verzehrt. Ihre Wünsche sind ohne Gränzen, so wie ihr Unvermögen sie zu befriedigen, und diese Untüchtigkeit weit entfernt ihre Lebhaftigkeit zu mindern, scheint ihr durch den Wiederstand, so sie ihr entgegen setzt neue Stärcke zu geben. Von sich selbst verjagt, wo sie so zureden, nichts als ein abscheuliches Leere antreffen das sie auszufüllen sich vergeblich bemühen, treibt sie eine Art von Naturtrieb gleichsam wieder ihrem Willen, zu allem was sie von einer so traurigen und erniedrigenden Aussicht zerstreuen kann.(*)

A 4   Die

(*) Alle Vergnügungen der Menschen beweisen das Unglück ihres Standes; es ist um nichts als

Die Leidenschaften sind also das einzige Hülfsmittel welches ihnen übrig ist, um ihnen das
Leben ertragen zu helfen, obgleich diese Leidenschaften selbst ihre Tyrannen sind.   Und in der
That so bald sie sich des menschlichen Herzens
bemächtiget haben, so regieren sie es meister-
haft; es ist nicht mehr sein, alle Kräfte der
Seele werden zu nichts angewendet, als die Ketten noch fester zu machen.   Er errichtet jeden
Tag

als unangenehme Empfindungen zu vermeiden,
daß dieser Schach spielt und ein andrer auf die
Jagd gehet. Alle suchen in ernsthaften oder un-
nützen Beschäftigungen, sich selbst zu vergessen.
Wenn diese Zerstreuungen ihnen nicht hinlänglich sind nehmen sie zu andern Hülfsmitteln
Zuflucht.   Einige erregen durch starcke Geträn-
cke, eine Verwirrung in der Seele, während
welcher sie den Gedancken der sie quälte vergißt.   Andere suchen durch das Rauchen der
Blätter einer Pflanze eine Betäubung ihres
Verdrusses, und wieder andere versüßen ihre
Leiden durch einen Saft, welcher sie in eine Art
von Entzückung versezt.   Alle Menschen in Europa, Asia, Africa, und America, haben ob sie gleich
so verschieden in ihren Gebräuchen sind, Mittel wieder das Uebel zu leben gesucht.
(Versuch einer moralischen Philosophie, des Herrn
von Maupertuis pag. 16.)

Tag neue Verbindungen, und lauft der Sclaverey entgegen. Hieng denn seyn Glück von
dem Verluste seiner Freyheit ab? Ach! diese
thörigte Begierde ist nur zu leicht befriediget,
und das ganze Leben ist nichts als eine bestän-
dige Knechtschaft; eine um so mehr grausame
Knechtschaft, da ihr Joch nach dem Maas wie
wir im Alter zu nehmen, immer schwehrer wird,
biß die Hinfälligkeit indem sie uns fast alles Gefühl nimt, uns kaum noch die Empfindung uns-
seres Daseyns läßt, und uns endlich wieder biß
zu denjenigen Grade bringt, in welchem wir in
den Augenblicke unserer Geburt waren.

Obgleich der Keim von bey nahe allen Leidenschaften, sich bey den meisten Menschen, bey
guter Zeit entwickelt, so muß man unterdessen
doch einräumen, daß sie Anfangs sich nicht alle
in einem gleich starcken Grade offenbaren. Da
unser Wesen, aus zwey bestimten selbstständi-
gen, obgleich eines dem andern untergebenen
Wesen, zusammen gesetzt ist, so kan man die Leidenschaften unter zwey verschiedenen Classen betrachten, eine die den Sinnen zugehört, und
die andre lediglich der Seele.

A 5 Di

Da das natürliche oder physicalische in der
Jugend mehr Gewalt über uns hat, als das
sittliche oder moralische, so müssen die Leidenschaften so durch die Sinne erregt werden, stär-
cker seyn als die welche nur einen moralischen
Ursprung haben; folglich müssen sie sich auch
am ersten entwickeln, und so zu sagen den Keim
der Leidenschaften die dem Verstande zu gehö-
ren, zu ersticken scheinen; aber sie thun doch
nichts anders, als daß sie den Anwachß von
diesen zurück halten, indem diese letztern sich
des Herzens des Menschen bald bemeistern, so
bald das Alter die erstern vertilgt hat. Dieser kurzen Beschreibung zu folge, meyne ich
daß die Leidenschaften sich auf die Liebe und den
Ehrgeitz einschliessen lassen, indem alle übrige
von diesen nur abhängen, oder hergeleitet werden. In der That, wenn man mit Aufmerck-
samkeit betrachten will, was eigentlich die
Tribfedern sind die den Menschen bewegen; so
wird man sich leicht überzeugen, daß der allgemeine Wunsch der Natur, für die empfindsa-
men Wesen, im natürlichen die Liebe, und
im sittlichen der Ehrgeitz ist. (*)   Von

(*) Man wird sich ohne Zweifel wundern, daß
ich

Von der Liebe.

Um die Liebe zu besingen, muß man
entweder verliebt, oder von ihr befriediget, oder durch sie unglücklich seyn.

Es verhält sich nicht eben so, um sie zu beurtheilen. Derjenige welcher diese ungezähmte Schwachheit empfindet, ist kaum im
Stande, das was er fühlt, auszudrücken. Bald
von
ich dem Geitz nicht unter die Zahl der Leidenschaften setze, davon die Menschen tyrannisirt
werden. Allein ausser daß solcher selten anders als bey denen angetroffen wird, deren
Sinne durch den Frost des Alters geschwächt
keiner Begierden mehr fähig sind, und deren
so zu sagen erschöpfte Seele, kein ander Gefühl als die Furcht kennt, so findet diese Leidenschaft (wenn sie anders diesen Nahmen zu
führen verdient) sehr selten Eingang als bey
armseligen Gemüthern, und bey Seelen die
eben so niedrig sind als das Laster so sie gefangen hält; ich glaubte die Menschlichkeit zu entehren, wenn ich argwöhnte daß eine so ver-
ächtliche Neigung, einen Theil ihrer gewöhnlichen Schwachheiten, deren sie nur allzu unglücklicher Weise unterworffen ist, ausmachte.

von seinem Glücke truncken, bald von Wuth
eingenommen oder in eine dumme Verzweiflung
gestürzt, kennt er von dieser Leidenschaft nichts,
als die Bewegungen von welchen er getrieben
wird, und sieht in dem Gegenstande welchen
er liebt nichts als die Annehmlichkeiten, welche
das Feuer so ihn verzehrt ohnaufhörlich nähren; er glaubt daß die Liebe allein das Recht
habe die Seelen zu beherrschen, und daß sie
das einzige Gefühl sey, welche des Menschen
würdig ist. Mit einem Worte er vergöttert
sie, und weit entfernt sie als eine Schwachheit
anzusehen, glaubt er daß dieses Gefühl über
die Menschlichkeit erhebe, indem es selbst von
allen andern Bemühungen damit sich der unem-
pfindliche Pöbel beschäftiget, abziehet. Seine
Trunckenheit verändert alle seine Begriffe. Er
schäzt sich hoch indem er sich schämen solte, und
die Ausschweifung seiner Leidenschaft ist das
Maas des Vorzugs den er über andere von
Natur vernünftige und aus Beweggründen tugendhafte Wesen, zu haben glaubt. Wie könnte
er also indem er alle vernünftige Kräfte aufgiebt,
im stande seyn, dasjenige zu schäzen, und zu beurtheilen, das er nie anders, als dem Gefühl nach,
empfunden? Er wird ohne Zweifel die unglaublis-
chen

chen Veränderungen welche er ohne Unterlaß
empfindet, ſchildern, ſo wie die Unruhe und
die Bewegungen von welchen er geplagt iſt;
aber indem er die grauſamen Anfälle der Liebe
mahlt, wird er ihre Urſache verſchweigen, entweder weil er ſie ſelbſt nicht kennt, oder weil
er ſich ſtellt ſie nicht zu kennen, um über die
Hitze die ihn verzehrt nicht zu erröthen. In
der That, wenn er auch auf einige Augenblicke von ungezähmten Begierden frey, die wahren Urſachen ſeines Aberwitzes mit kaltem Blute betrachten könnte, ſo würde er, biß unter das
Thier herunter geſetzt, ſich deſſen daraus er ſich
Ehre macht, ſchämen, und erröthen daß er ſich
der Erhabenheit ſeines Weſens ſo wenig würdig macht. Nur denenjenigen, welche ein
glückliches Naturell oder vernünftige Ueberle-
gungen, den Schlingen der Liebe entzogen haben, komt es alſo zu, den Grund einer Leidenſchaft zu entwickeln die um ſo gefährlicher iſt,
da ſie dem Geiſte anfangs nichts als ein Bild
des Vergnügens vorſtellet, gleichwohl ſehr ge-
ſchwinden Fortgang macht, und gefährliche
Folgen hat. Einige alſo welche durch ſieghafte
Bemühungen, für dem Ungewitter bey guter

Zeit

Zeit in Sicherheit gesetzet worden, und andere
welche durch das von den Leidenschaften so gar
unzertrennliche Unglück, von ihren Abwegen zurück gekommen, werden die Liebe zwar nicht
als Dichter schildern, aber doch als Weise
beurtheilen.

Der Urheber der Natur, welcher haben
wolte daß die Menschen sich selbst wieder hervorbringen könten, legte in beyde Geschlechte,
indem er sie schuf, einen wechselseitigen Reiz,
der sich entwickelt, so bald durch ihre Vereinigung Wesen entstehen können, die ihnen ähn-
lich sind. So ist das unveränderliche Gesetz
der Natur, dem sich nichts entziehen kan, von
dem kriechenden Wurme an, den unsere schwachen Augen kaum bemercken, biß auf den stolzen Menschen der ihn mit Füssen tritt.(*) Diese

(*) „O Venus! O Mutter der Liebe! . . . .
„Von dem ersten schönen Tage an, welchen
dein Gestirn wieder bringt,
„Lassen die Zephirs ihren verliebten Oden
spüren.
„Die Erde schmückt ihren Schoos mit glänzen-
den Farben,
„Und

se unüberwindliche Neigung zu welcher der Naturtrieb, die Thiere von allen Arten treibt, ist
bey dem Vieh gleichwohl nichts als eine Begierde von kurzen Augenblicken, welche keine
Spur von dem Gegenstande der sie erregt hat
übrig.

„Und die Luft ist mit dem süssen Geruch der
Blumen erfüllt.

„Man hört die Vögel von deiner Macht getroffen,

„Durch tausend geile Töne, deine Gegenwart
feyern.

„Man sieht für die schöne Kuh, die stolzen
Stiere

„Bald in der Ebene herum springen, bald durch
die Flüsse setzen.

„Kurz die Bewohner der Wälder und der
Berge,

„Der Flüsse, der Meere und der weiten Felder,

„Bey deiner Erscheinung, von Liebe und Begierden brennend,

„Verbinden sich, durch den Reiz des Vergnügens zum Vermehren,

„So sehr liebt man, ihm und zugleich der angenehmen Herrschaft zu folgen,

„Welche die Schönheit über alles was athmet
ausbreitet. (*)

(*) Uebersetzung des Anfangs aus dem Lucretz,
durch den Herrn von Hesnauft.

übrig läßt, so bald nur diese Begierde befriediget ist. Unterdessen biß die Zeit sie wieder
aufweckt scheinen sie von keiner Unruhe und von
keiner Ungeduld bewegt zu seyn, weil das vergangene für sie verlohren ist, und weil sie eine
Nothdurst nicht vorher sehen können, welche sie
nicht anders fühlen, als in dem Augenblicke
wenn sie da ist. Dies ist, eigentlich zu reden,
die Liebe, so wie sie die Natur einflößt, und
nichts als die Irrthümer unserer Einbildung
haben daraus die fürchterlichste von allen Leidenschaften gemacht. (*) Aber indem diese nehmlichen

(*) Wenn man der Liebe alles abnehme was ihr
　nicht gehört, und wenn man sie alles Putzes wo-
　mit unsere Einbildung sie bekleidet hat beraubte,
　indem man sie auf ihren ersten Zustand herun-
　ter setzte, so würde sie nichts als ein ange-
　nehmes sinnliches Gefühl seyn, welches man
　wenig zu fürchten hätte. Aber man hat sie
　vergöttern wollen. Der Urheber unsres Wesens
　hatte nichts als eine Nothdurst aus ihr gemacht,
　wir haben sie zu einer fürchterlichen Leidenschaft
　erhoben, und um sie unbezwinglich zu machen,
　haben wir alles was die Kunst nur erfinden
　kan angewendet, ihre Gewalt zu vermehren.
　Wir haben durch das Feuer unserer Bilder,
　　　　　　　　　　　　　　den

lichen Irrthümer, ihren Ursprung von den Sinnen nehmen, so muß man die Liebe lediglich
als eine physicalische Leidenschaft betrachten: Es
ist zwar eigentlich wohl das moralische welches
den Brand hervorbringt, aber das physicalische
giebt den ersten Funcken dazu.

Das Gedächtniß, ist ohne Widerspruch die
Quelle aller unserer Leidenschaften, und vorzüglich der Liebe: Ohne dieses würden wir nur von
Bedürfnissen wissen. Allein das Andencken
eines angenehmen sinnlichen Gefühls macht
noth-
den Brand in alle Herzen gebracht, und die
Flammen von welchen wir brennen, haben ihr
Daseyn lediglich von der ausgekünstelten Wollust, von der wir berauscht sind. Die wohlthä-
tige Natur hatte uns Vergnügungen ohne Zu-
sätze zugestanden, und wir, indem wir ihre Gaben verschönern wollen, haben wir ihre Züge
verstellet, und das was für nichts anders als
für das Glück des menschlichen Geschlechts gemacht war, ist durch unsere Bemühungen sein
gefährlichstes Gift geworden.
(Moralische Gedancken und Betrachtungen über
verschiedene Materien. Ueber die Leidenschaften. pag. 42.).

II. Theil. B

nothwendiger Weise, daß das Verlangen es
wieder aufleben zu sehen, in uns aufgehet, und
wenn dieses Verlangen mit Hofnung vergesell
schaftet seyn kann, entzündet es die Einbildung.
Das Bild des Gegenstandes welcher unsere
Sinne gerührt hat, ist mit feurigen Zügen
darein gegraben.   Die Gegenwürckung des
moralischen auf das physicalische, giebt einer
Seits dem letztern mehr wieder, als es von ihm
empfangen hat.   Die Bewegung vermehrt sich,
die Sinne entzünden sich und der Brand wird
allgemein.

Da die Natur in allen ihren Würckungen
gleichförmig ist, so ist es mit den Menschen wie
mit den Thieren, und es ist sehr rar wenn sie vor
dem mannbaren Alter zur Liebe fähig sind, wenn
nicht wenigstens ihre Einbildung dem Aufruhr der
Sinnen zuvor komt; und diese muß noch darzu
durch Vorstellungen, durch Lesen, oder durch sol=
che Gespräche welche eine dergleichen Gährung
erregen können, in Bewegung gesetzt werden,
weil die Sinne welche noch nicht zur Reise ge=
kommen, diejenigen sanften Erschütterungen
so die ersten Empfindungen der Wollust beglei=
ten,

ten, nicht fühlen können. Unser Hülfstheile
welche noch in dem Augenblicke unserer Geburt
erstorben liegen, erlangen keine Triebfedern als
nur durch gantz unbemerckliche Grade, und
so zu sagen nicht ehender als biß sie uns nöthig
sind, so besondere Ordnung hat der Schöpffer
in allen seinen Wercken gesetzt. Von ihrer
mehreren oder wenigern Empfindlichkeit, und
folglich von ihrer Richtigkeit, hängt dasjenige
vorzüglich ab, was man das Gefühl nennet
es sey im natürlichen oder im sittlichen. Alle
Menschen haben es nicht im gleichen Grade,
und dies insbesondere macht daß sie so verschieden sind, aber sie haben wenigstens alle so viel
als ihnen nöthig ist, nicht nur zu ihrer Erhaltung, sondern auch sich wechselseitige Dienste
leisten, und ein jeder für sein Theil zum allgemeinen Besten beitragen zu können.

Es folgt aus dieser Betrachtung, daß unsere Seele nicht vollkommen zu werden scheint,
als so wie der Leib stuffen weise Stärcke und
Wachsthum bekömt. Und wenn das Zunehmen unserer Seele ungleich langsamer scheint,
so macht es weil die Erfahrung, welche für die

Seele

Seele eben das ist, was die Gewohnheit für den Leib ist, schwehrer zu erlangen ist und mehr Verhältnisse anzustellen erfordert, als die einfachen mechanischen Bewegungen deren unser Leib fähig ist.

Gemeiniglich sind es die Leidenschaften, welche den Wachsthum unserer Seele befördern helffen. Die Entwürffe die sie gebähren, sind es welche den Umkreiß unserer Begriffe erweitern, und uns in der Geschwindigkeit eine Bahn durchlaufen lassen, auf welcher wir sehr beschwehrlich gekrochen haben würden, wenn die Hofnung von Erreichung des Zwecks den wir eifrig wünschten, uns nicht belebt hätte. Aber keine von allen Leidenschaften hat mehr Gewalt als die Liebe. (*)

Da diese Leidenschaft in denen meisten Menschen bloß physicalisch ist, so ist auch die gröste
Zahl

(*) Die Liebe ist diejenige von allen Leidenschaften, welche uns am meisten unterwürffig macht, alle andre berühren nur den Geist: Aber die Liebe bemächtiget sich des moralischen und physicalischen, unser ganzes Wesen wird dabey angewendet. (Ebendaselbst. pag. 39.)

Zahl derſelben mehr muthwillig ausſchweiſend, als eifrig eingenommen. Allein der Muth⸗ wille, der wenn man ſich ſeinen Ausſchweif⸗ fungen überläßt, mehr eine Folge des Aber⸗ witzes unſerer Einbildung, als die Frucht eines würcklichen Bedürffens der Natur iſt, darfin den Plan welchen ich mir vorgeſetzt nicht ein⸗ dringen. Ich will hier nichts ſchildern als die⸗ jenige gährende Bewegung welche die Natur den Sinnen einprägt, ſo bald ſie ihren letzten Grad von Vollkommenheit erreicht haben. Der Unterſchied der Erziehung unter zweyerley Ge⸗ ſchlecht, bringt auch ſehr öfters etwas davon in ihre ſinnlichen Begriffe. Die durchgängige Unwiſſenheit von dem wahren Urſprunge und dem Zwecke der Liebe, wotinnen man die Mägdgen welche mit einiger Vorſicht erzogen werden, viel eheuder als über ihre Würckun⸗ gen, erhält, (welches vielleicht zu nichts dient als ſie nur noch gefährlicher zu machen) verzö⸗ gert in ihnen gemeiniglich den Keim dieſer Lei⸗ denſchaft, und verhindert daß er nicht ſo früh als inden Mannsperſonen aufgehet. Die we⸗ nige Sorge die man gegentheils nimt, um den letztern das zu verbergen, was eines Tages

ihre

ihre Begierden erregen kan, beschleunigt bey
ihnen den Wachsthum der Natur öfters, und
entkräftet sie so gar, bevor sie zum Genusse
desselben völlig geschickt sind.

Ein Gemählde, oft selbst eine Unterhaltung,
macht die Sinne zum ersten mahl wanckend,
und diese Erschütterung ist mehr oder weniger
lebhaft, je nachdem die Einbildung mehr oder
weniger Munterkeit hat, weil wie ich schon ge=
sagt habe, das Moralische beständig auf das
Physicalische zurück würckt. Insbesondere hat
das lesen wollüstiger Schriften, die aller gröste
Herrschaft über die Sinne, und bringt das ver=
führerische Feuer welche das Blut entzünden
soll, von Ader in Ader. Die Abbildung der
Vergnügungen welche man darinnen mit dem=
jenigen brennenden Eifer, der sie characterisirt,
gezeichnet findet, läßt in uns die allerlebhafte=
sten Begierden, solche würcklich zu schmecken,
entstehen. Die Hindernisse dienen zu nichts
als solche nur noch mehr zu erregen. Daher
werden auch die ersten Augenblicke da man aus
dem Zwange heraus komt, gemeiniglich ange=
wendet, ein Bedürffen zu befriedigen welches
durch

durch die Natur eingeflößt, durch die Neugier-
de verstärckt, durch den Wiederstand gereitzt,
und durch die Einbildung erhitzt worden.

Diejenigen welche eine kluge Wachsamkeit
für dergleichen gefährlichen Umgange und lesen, zu bewahren gewußt hat, sind von dem
Bedürffen der Natur, nicht anders als durch
die Natur selbst unterrichtet. Da keine einzige
äusserliche Ursache, der Ordnung welche der
Schöpfer errichtet hat in ihnen zuvorgekommen
ist, so fühlen sie die ersten sinnlichen Empfindungen der Liebe viel später als andre. Sie
kennen nicht allein die Mittel ihre Begierden
zu befriedigen nicht, sondern sie wissen so gar
selbst nicht was sie empfinden. Traurig und
unruhig, und mit verlohrenem Geschmack an
denen einförmigen Vergnügungen, welche sonst
das Leere ihrer Tage ausfülleten, suchen sie vergeblich die Ursache ihrer langen Weile. Die
Einsamkeit und ein tiefes Nachsinnen sind ihre
einzigen Ergötzlichkeiten. Sie hoffen in einer
gänzlichen Entfernung die Ruhe zu finden, welche nicht aufhöret sie zu fliehen. Aber weit entfernt ihrem Uebel einige Erleuchterung zu verschaffen, macht es solches nur noch mehr rege.

Diese

Dieſe Verwirrung und dieſe Unruhe, welche man fälſchlich der Seele zuſchreibt, hat gemeiniglich keinen andern Grund als die Bewegung der Sinnen. Da ſie keinen gewiſſen Gegenſtand hat, ſo zeigt ihnen ihre Einbildung nichts als verwirrte Begriffe, welche plözlich auf einander folgen, ohne daß ein einiger das von das Recht erhalten kann, ſie vorzüglich zu binden. Dieſer Zuſtand von innerlicher Bewegung iſt gemeiniglich mit einer Niedergeſchlagenheit begleitet, welche zu jeder ernſthaften Beſchäftigung unvermögend macht, und Unthätigkeit verurſacht. Allein dieſe verſtellte Ruhe erſchöpft und mattet in der That tauſendmahl mehr ab, als die aller emſigſte und aller anhaltenſte Arbeit; denn ſie ſind aus nur zu vieler Munterkeit unwürckſam. Das was ihnen fehlt, macht, ob ſie es gleich nicht beſchreiben können, alles was ſie beſizen unſchmackhaft: Alles ſcheint ihnen kalt weil ſie entzündet ſind, und von einem Feuer verzehrt werden, daß ſie nicht auslöſchen können. Ob gleich insbeſondere genommen, ſie nichts würckliches beſchäftiget, ſo fürchten ſie doch von denen eitlen Bildern von welchen ihr Geiſt eingenommen iſt,

ab-

abgekehrt zu werden und derjenige welcher sie
von ihrer scheinbaren Vorstellung abbringen
will, ist sicher ihnen zu mißfallen, weil er sie
der Natur entreißt welche sie wieder ihren Willen fortziehet; alles ist alsdenn sinnliche Empfindung, und das Gefühl hat keine Gewalt
über sie, als in so weit es das Bild der erstern
ist, oder sie darauf führt.

Dieser Zustand, so niederschlagend als er
auch scheint, ist gleichwohl mit einem zärtlichen Schmachten begleitet, welches seine Annehmlichkeiten hat. Die Liebe deren Vorläufer es
ist, bereitet die Seele zur Wollust, und die
Sinnen zum Genusse.

Lysander befand sich in dieser Verfassung, als
der Zufall ihm Lucinden treffen ließ. Die Annehmlichkeiten, ungleich vorzüglicher als die
Schönheit, schmückten diese junge Person, mit
allem was sie einnehmendes haben. Die Schamhaftigkeit überzog ihre Wangen noch nicht mit
demjenigen lebhaften Incarnat, welche die
Begierden, in der nehmlichen Zeit als sie sie
zurück hält, auch anfachet. Ihre noch stum-

B 5   men

men Sinne, hatten diejenige Hitze welche eine
unbekante Verwirrung in der Seele hervor
bringt, davon die Scham ſich in dem Geſicht
zeiget, noch nicht in ihre Adern gebracht. Man
muß eine Gefahr vorher ſehen, wenn man ſie
ſcheuen ſoll; (*) Lucinde hatte noch nicht erröthen
gelernt, ihre Unſchuld ſetzte ſie für der Furcht
ſicher; aber bald wird die Liebe es ihr zu lernen wiſſen, und Lyſander wird ihr ohne Mühe
ein

(*) Ein Frauenzimmer war mit ihrer jüngſten
    Schweſter, welche eben aus dem Cloſter kam,
    in einer Geſellſchaft, und es erzehlte jemand
    eine Liebes Begebenheit, allein in ſo dunckeln
    Ausdrücken, daß ein Mägdgen ohne Erfah-
    rung, nichts davon verſtehen konte. Je dunck-
    ler nun der Vortrag war, je aufmerckſamer
    war das Frauenzimmer, und bezeugte ihre
    Neugierde ſehr offenhertzig. Die Aeltere, wel-
    che zeigen wolte daß ſie mehr Schamhaftigkeit
    als ihre jüngere Schweſter hätte, rief aus:
    Pfuy doch Schweſter, könt ihr das was dieſe
    Herrn ſagen, ohne zu erröthen, anhören? Ey
    antwortete die jüngere treuhertzig, ich weiß
    noch nicht wenn man ſich ſchämen muß.

  Ernſthafte und ſcherzhafte Beluſtigungen, des
    Dufreny, Sechſte Beluſtigung von den Spa-
    ziergängen.

ein Uebel mittheilen, welches um so anstecken-
der ist, da es selbst indem Augenblicke da man
es abzuweisen scheint, gefällt, und der Wiederstand nur dient, es um so viel sicherer zu
machen. Bey dem Anblicke der Lucinde, empfindet Jnsander diejenige angenehme Gemüthsbewegung welche vor den Vergnügungen der
Liebe hergehet, und sie begleitet. Eine neue
Verwirrung regt sich in ihm, eine starcke Bewegung bemächtiget sich seiner Sinnen, er zittert, sein Herz schlägt, seine Seele scheint von
ihm zu gehen, die Ausschweiffung seiner Begierden, benimt ihm bey nahe das Gefühl derselben; er empfindet daß er dasjenige gefunden
hat, was sein Herz suchte ohne es zu kennen.
Aber die von einer zum erstenmahl entstehenden
Neigung unzertrennliche Bestürzung und
Furchtsamkeit, erlauben ihm nicht das Feuer
welches ihn verschlingt, dem Gegenstande der es
angezündet hat, zu entdecken. Er schaudert,
er steht an, er untersteht sich so gar nicht, sich
Lucinden zu nähern, aber der Streit den er empfindet macht seine Niederlage nur um so gewisser,

Kaum

Kaum getrauet er sich die Augen gegen sie
aufzuschlagen, allein seine verzagten Blicke,
zeigen die Heftigkeit seiner Begierden an. (*)
Sein ganzes Wesen ist bezwungen; er sieht, er
denckt, er lebt nicht mehr, als nur um zu em=
pfinden.

Die Geschwindigkeit einer solchen Eroberung,
wird ohne Zweifel von denen verneint werden,
welche glauben daß die Streiche des Blitzes
nur in den Romanen statt haben.   Aber wenn
man darüber nachdencken will, wird man zuge=
ben, daß da die Liebe nichts als eine Folge ei=
ner sehr lebhaften, und bey nahe der aller leb=
haftesten sinnlichen Empfindung ist, so muß sie
eben so geschwinde seyn, als die gährende phy=
sicalische Bewegung, durch welche sie erregt
worden. (**)   Die Liebe so wie sie von der
Natur

(*) Diese unauszudrückenden Blicke, welche ihre
    Zaghaftigkeit verwegen macht, und welche die
    Begierden, durch die Furcht zu erkennen geben.
    M. Rousseau an Hrn. Dalembert, Genf p. 196.

(**) Die Liebe welche nur nach und nach, und
    stuffenweise entstehet, gleicht der Freundschaft
    . zu

Natur eingeflößt wird, muß das Werck eines
Augenblicks ſeyn, ſie iſt eine kurze Aufwallung
welche von keiner Dauer iſt, und bildet nicht
ehender als mit der Zeit, das was man insge=
mein durch das Wort Leidenſchaft verſtehet,
weil ſie zuweilen Wiederſtand findet; ohne die=
ſes würde der Genuß davon, ſo wie bey den
Thieren, das Ziel und Ende unſerer Begier=
den ſeyn.   Aber die öfters unüberſteiglichen
Hinderniſſe welche die Menſchen finden, brin=
gen die Wuth, die Eiferſucht, ſelbſt die Laſter
und alle das Unglück welches die Leidenſchaften
mit ſich führen, hervor.

Die Gegenwürckung des moraliſchen auf das
phyſicaliſche trägt gleichfals viel bey die Liebe
zu erhalten, und ihr mehr Gewalt über uns zu
geben, als ſie ohne dieſe Hülfe nicht haben
würde. Unſere Einbildung, indem ſie uns die
Schönheiten die uns gerührt, oder die Ver=
gnügungen welche wir genoſſen haben, wieder
vor=

zu viel, um eine würckliche Leidenſchaft zu
ſeyn.

Character oder Sitten dieſes Jahrhunderts. V. I.
    p. 244.

ſer Art leſen kan nicht anders als ihre Eitelkeit
(das angebohrne Gefühl des Frauenzimmers)
erregen, denn ſie ſehen darinnen überall die
Mannsperſonen als Sclaven ihres Geſchlechts.
Dieſes Gemählde ſchmeichelt ihrer Eigenliebe,
und macht daß ſie wünſchen, auch ein ſolcher
Gegenſtand der Verehrung zu ſeyn. Die liebe zeigt ſich ihren Augen nicht anders als unter
der Geſtalt der Galanterie, und gemeiniglich
dieſes verderbt ſie; alle Unterweiſungen welche
man ihnen giebt zielen darauf ab ſie zu Verſtel-
lungen zu gewöhnen, und man lernt ihnen viel
ehender den Eindruck welche die Mannsperſonen auf ſie machen, zu verbergen, als daß man
ſie für dieſem Eindrucke ſelbſt verwahren ſolte.
Mit einem Worte man arbeitet mehr ſie falſch
an ſtatt tugendhaft zu machen. Die Mannsperſonen fangen gemeiniglich bey dem ausſchwei-
fenden an, und das Frauenzimmer bey dem
Hange, Eroberungen zu machen, indem ihre
Sinne ſich gemeiniglich ſpäter als bey den
Mannsperſonen regen, und ſie auch überhaupt
genommen weniger dazu fähig ſind. Ihre einzige Beſchäftigung iſt alſo ſich zu bemühen,
Begierden zu erregen, weil ſie durch kein ander

als

als dieses Mittel zum regieren gelangen können,
die Herrschaft aber ihr Haupt = Geschmack ist.
Die physicalische Stärcke, welche von der Mo=
ralischen selten getrennet ist, giebt denen Manns=
personen eine wesentliche Gewalt; das Frauen=
zimmer hingegen welches durch die Zärtlichkeit
ihrer Leibes Beschaffenheit, schwach von Ge=
burt ist, sucht die Herrschaft welche ihnen die
Natur versagt hat, durch Geschicklichkeit an sich
zu bringen, und ihre Herren dienstbar zu machen.

Die Erziehung welche man ihnen giebt, trägt
noch bey, den natürlichen Trieb in ihnen zu
befestigen. Man beklage sich nicht mehr über
das Gekünstelte und das Falsche der Frauens=
personen, eins so wohl wie das andre ist das
Antheil der Schwachheit. Wo die Stärcke
mangelt, gebraucht man die List, und die Furcht
muß falsch machen. Die Geschicklichkeit der
Weiber dient also zum Gegengewichte der Stär=
cke der Männer. Der erstern ihre Macht sind
ihre Reitzungen, und vorzüglich ihre Annehm=
lichkeiten. Die Beschäftigung in welcher sie
sind, solche geltend zu machen, damit man den
Besitz davon wünsche, unterdrücken, in ihnen

II. Theil.   C   die

die Begierden welche sie mit den Mannspersonen gemein haben.　Durch dieses Mittel gelangen sie dahin, diejenigen zu regieren, von
welchen sie bezwungen werden solten.　Wenn
sie gegentheils sich ohne Rückhalt ihren Neigungen über liessen, und wenn ihre Gunstbe-
zeigungen von denen Mannspersonen nicht als
ein Opffer angesehen würden, welches diese
durch die gänzliche Entsagung ihrer Freyheit
nicht theuer genug zu erkaufen glauben, so
würden sie bald ihre Herrschaft verliehren, und
die Liebe würde keine Reizungen mehr haben.
Dies ist das billige Gleichgewicht, welches die
Natur selbst unter den beyden Geschlechten errichtet hat; ohne dieses wären die Weiber
nichts als schlechte Sclaven, dem Eigensinne
der Männer unterworffen, und lediglich bestimt zu ihren Vergnügungen zu dienen.

Ohnerachtet des natürlichen Hanges welchen
die Weibspersonen zur Coquetterie haben, und
der Bemühungen welche man sich giebt, ihnen
die Ausführung derselben noch leichter und gewisser zu machen, so sind sie, weil sie Sinne
haben auch der Liebe fähig, ob gleich das physi-

cali-

ealifche diefer Leidenfchaft, fie ins ganze genommen weniger einnimt als die Mannsperfonen,
weil es wie ich fchon gefagt habe, gemeiniglich
nicht fo viel Gewalt über fie hat, und ihre Erziehung fie noch mehr davon abhält.

Allein wenn fie auch diejenige auffteigende
Bewegung nicht empfinden, welche in denen
Mannsperfonen dem Anblicke des Gegenftandes der ihre Begierden auflammen foll, zuweilen noch zu vorkomt, fo macht doch der Anblick eines jungen liebenswürdigen Menfchens,
befonders wenn er ihnen zu gefallen fuchet, bey
nahe nicht weniger Eindruck auf fie, als fie
felbft auf denjenigen machen, der zum erften-
mahle, ein junges Frauenzimmer fiehet, das
mit Annehmlichkeiten welche allein die Natur
geben kan, begabt ift. Der einzige Unterfchied
beftehet darinnen, daß ein junges Mägdgen
verwundert und betroffen über das was es fühlt,
fich felben nicht fo zu überlaffen getrauet, als
eine Mannsperfon. Befchämt über die Verwirrung welche fie beunruhiget, möchte fie fich
felbft unbekante Begierden verbergen können,
welche die Liebe in ihren Augen und den ge-

C 2   ring-

ringsten ihrer Handlungen zeigt.　In den ersten
Augenblicken ihrer Niederlage, weiß sie selbst
nicht wem sie den Verdruß und Eckel welchen
sie für alles was vorher der Gegenstand ihrer
Ergözlichkeiten war empfindet, zuschreiben soll.
Aber wenn sie den der die einzige Ursache davon
ist, oft wieder siehet, so lernen ihr ihre Röthe
und ihre Bestürzung bey seinem Anblicke das=
jenige bald, was sie nicht kennen wolte.
O Schamhaftigkeit, du unächte Tugend, die
du dein Daseyn nur der Kentniß des Lasters zu
dancken hast, must du denn indem du uns leh=
rest daß wir strafbar sind, noch eine neue Schlin=
ge für denjenigen seyn, der dich zu überwinden
sucht, und für diejenige die schon überwunden
ist? Julie seufzt indem sie an den denckt der sich
ihrer Seele bemeistert hat.　Hört sie daß er
ankomt, oder sieht sie ihn von weitem, so lauft
sie, indem ihr das Herz klopft, sich zu verber=
gen; sie zittert daß die Verstellung ihres Ge=
sichts, den Zustand ihres Herzens nicht ver=
rathen möge.　Sie will zum wenigsten Zeit
haben sich von ihrer Unruhe erhohlen zu können,
ehe sie vor den Augen ihres Ueberwinders er=
scheint. Ausserdem muß, um nichts von ih=

ren Vortheilen zu verliehren, ihr Spiegel zu rath
gezogen werden, der Kopfputz zu recht gestellt,
die Haare mit Blumen geziert, diese Locke flie=
gender, und dies Band bauschender gemacht
werden, eine Falte vom Rocke welche der
Rundung der Leibesgestalt nachtheilig seyn kön=
te, wieder in Ordnung gebracht, und dem
leichten Flore welcher den Busen ehender ziert
als bedeckt, diejenige ausstudierte Nachläßigkeit
gegeben werden, welche die Blicke eines Lieb=
habers begünstigen, ohne den Wohlstand zu
verletzen.   Die Liebe selbst führt diese Hand,
welche die Gemüthsbewegung zittern macht,
ohne etwas von ihrer Geschicklichkeit zuverlieh=
ren: Alles was sie vorschreibt wird durch die
Grazien vollführt, und verschönert ihr Werck.
Durch die Liebe selbst auf diese Art geschmückt,
schön durch die Geschencke der Natur, doch
tausendmahl schöner durch das Vergnügen es
zu seyn, und das Verlangen dem was sie liebt,
zu gefallen, wird Julie endlich, nachdem sie ei=
nige Zeit angestanden hat, durch die Liebe hin=
gerissen, und durch die Furcht zurück gehalten,
zum Entschluß gebracht, oder vielmehr zu ih=
rem Liebhaber hingezogen.   Bey seinem An=

C 3   blicke,

blicke, bemächtigen sich Verwirrung, Scham,
und Erschütterung, aller ihrer Sinne. Sie
wanckt, sie zittert, sie erröthet, und getrauet
sich nicht gegen das einzige was sie siehet, die
Augen aufzuheben. Wenn er sich mit seiner
Rede an sie wendet, so hat sie nicht die Macht
ihm zu antworten, oder antwortet nur mit ge-
brochenen Worten. Ihre Unruhe ist zu groß
als daß sie das Vergnügen ihn zu sehen schmecken könte, und sie wird seine Gegenwart nicht
ehender genießen als biß sie ihn nicht mehr
siehet. Die Furcht sich bald wieder von ihm
getrennet zu sehen vermehrt ihre Unruhe noch
mehr. Geht er endlich fort, so folgt ihm ihr
Herz, und ihre Augen überlaufen die Spuren
seiner Schritte begierig, und wenn sie ihn durch
die Entfernung aus dem Gesichte verlohren hat,
so sucht sie alsbald die Einsamkeit, um nichts
von dem so eben empfangenen reizungsvollen
Eindrucke zu verliehren: Sie gefällt sich darinnen selbst, sie sammlet sich wieder, sie erinnert
sich eines jeden Wortes das er gesprochen hat;
der Ton seiner Stimme, rührt noch ihre Oh-
ren und dringt biß an ihr Herz. Die geringste
seiner Bewegungen, eine Geberde, eine Stel-
lung,

lung, nichts ist ihr entgangen alles hat das
Feuer der Liebe in ihre Adern gebracht. Diese
ersten Augenblicke einer Leidenschaft sind die
süsseften obwohl die allerlebhaftesten: Man empfindet noch weder Furcht noch Eifersucht; Man
fühlt nichts als das Vergnügen zu lieben; alles
stellt sich unter lachenden Abbildungen dar, man
genießt auf einmahl, das Vergangene, das
Gegenwärtige und das Zukünftige. Die Hoffnung, jeden Tag einen neuen Grad von Empfindung in dem Herzen desjenigen den man
liebt hervor zu bringen, giebt allen Seelen
Kräften einen Trieb, und hält sie in beständiger Würckung. Kein einziger Augenblick ist
leer oder gleichgültig, alles ist von dem Verlangen oder dem Genusse angefüllt, und wenn
dieser Zustand immer während seyn könte, so
wäre er ohne Zweifel der köstlichste von allen.
Allein er ist von kurzer Dauer, weil er die Folge einer sinnlichen Empfindung ist, deren übertriebene Lebhaftigkeit, nur ihr Ende zu beschleunigen dient, und deren grausame Folgen
mehr als einmahl verursachen, daß man bereuet,
sich denen betrüglichen Lockungen einer Leiden-

schaft

schaft überlassen zu haben, deren Anfang nichts
als Bezauberungen anbietet.

Die Liebe so wie ich sie eben an einer jungen
unerfahrnen Person beschrieben habe, kan ohne
Zweifel nicht als ein Werck der Sinne angesehen werden, indem sie selbst nicht weiß ob es
bey dieser Leidenschaft andre Vergnügungen
giebt, als sie zu fühlen und einzuflössen. Diese
Sinne davon sie nicht einmahl den Nahmen
kent, sind es inzwischen, welche die Unruhe und
diese Bewegung in ihrer Seele erregen, es ist
der Trieb der Natur welcher in ihr würckt,
ohne daß sie die Ursache davon weiß. Sie
weiß nicht was sie wünscht, aber sie spürt den
Unterschied sehr wohl, zwischen denen Empfindungen welche ihr derjenige einflößt mit dem
sie sich ohne Unterlaß beschäftiget, und denen
welche sie bißher für ihre Eltern und für die
liebsten von ihren Gespielinnen gefühlt hat:
Das komt daher, weil sie biß auf diesen Augenblick für diejenigen welche sie liebte, würcklich nichts als Gefühl empfunden hatte, da
im Gegentheil das was sie anietzt fühlt sinnliche
Empfindungen sind. In der That erregen diese
Em-

Empfindungeu, Gefühl in ihrer Seele, aber
der Ursprung davon komt doch nur von sinnlichen Empfindungen.   Die allerdeutlichste
Probe daß das was Julien bewegt, kein bloß
freundschafts Gefühl ist, ist daß die Eigen-
schaften des geliebten Gegenstandes keinen Theil
dran haben, indem sie solche noch nicht kennt,
und Hochachtung so wie Freundschaft, nur mit
der Zeit erlangt werden. Nur der Liebe komt
es zu, solche plözliche Würckungen hervor zu
bringen, indem die Sinne die Grundlage davon sind und diese nicht vernünsteln; sie lassen
gar keine Untersuchung zu.   Man wird nicht
allein durch die äusserlichen Reizungen der Figur verführt, welche nicht allezeit entscheiden,
aber durch den Ton der Stimme, durch eine
Gebehrde, zuweilen selbst durch ein nichts;
es ist eine Zusammensetzung von ähnlichen
Dingen welche öfters nicht zu beschreiben ist,
die aber mehr Gewalt hat, als die aller voll-
kommenste Schönheit, die aller vortreflichsten
Gaben, und das aller erhabenste Verdienst.
Wenn ein Gegenstand gefällt so steht man ihm
alles zu; Verstand, Gaben, Schönheit; seine
Mängel selbst verwandeln sich in Vollkommen-

C 5   hei-

heiten. Alles reißt hin, alles bezaubert. Ver-
blendung und Enthusiasmus verbreiten ihre
verführerischen Reizungen über diejenigen die
unsere Sinne schon getroffen haben, und die
Liebe bemeistert sich unseres gantzen Wesens.
Auf diese Art ist es daß das Moralische indem
es auf das Physicalische zurück würckt, aufs
neue seine Kräfte versucht und die Gewalt die
es von der Natur erhalten hat noch mehr ver-
mehret.

Wenn alle Frauenzimmer der Julie glichen,
und bey einer Leidenschaft deren gantze Zierde sie
ausmachen, die Liebe ihr einziger Führer wäre,
so würden sie ohne Zweifel geliebt seyn, aber
sie würden ihre Liebhaber nicht unterwürfig
machen. Das Gefühl hat niemahls Sclaven
gemacht das Frauenzimmer aber will doch welche haben. Diese können sie also nur durch
Buhlerey erlangen, und man buhlt nicht anders, als wenn man wenig liebt. Diejenige
welche durch eine zärtliche Neigung, wieder
ihren Willen fortgezogen wird, ist ohne Kunstgriffe; man sieht was sie fühlt; selbst die Gewalt die sie sich anthut sich zu verbergen, ist
ein

ein Beweis mehr von ihrer Schwachheit.
Welch Herz könte wohl sich diese zärtliche Begierde (welche von der Natur selbst vorgeschrieben, und durch die Ehrbarkeit zurück gehalten
wird, versagen.) Diese zaghafte Unruhe, deren treuherzige und reine Annehmlichkeiten die
Redlichkeit anzeigen, und die Tugend selbst in
dem Augenblicke da man sie zu überwinden
suchet, verehrungswürdig machen. Niederträchtiger Verführer, dem vielmehr der Muth-
wille als die Liebe, mit einem unreinen Feuer
erhitzt, der ehender verführen als würcklich geniessen will, und der in dem Laster Vergnügungen suchet, deren Genuß selbst zu nichts
dienet als den Mangel derselben recht fühlen zu
lassen, erröthe über deinen Sieg; und wenn
dein Herz gegen innerliche Vorwürffe (die einzige Tugend der Verbrecher) unempfindlich ist,
so müsse doch wenigstens die Unschuld, den Begierden welche die Natur verwirft so bald sie
nicht gemässigt sind, einen Zügel anlegen.

Da alle Menschen von einerley Natur sind,
so sind sie auch einerley Leidenschaften unterwor-
fen, und da die Liebe nach der Beschreibung
welche

welche wir davon gemacht haben, nichts als ein sinnliches Gefühl ist, so solten sie selbe alle auf die nehmliche Art empfinden. Unterdessen bemerckt man daß die Liebe bey denen welche keine Erziehung genossen, sich nicht in derjenigen Gestalt zeigt, als bey denen welche man mit Fleiß auferzogen hat. Die erstern welche keinen andern Lehrmeister als die Natur, und keinen andern Führer als ihre Begierden haben, kommen denen Thieren sehr nahe. Da das Moralische wenig Gewalt über sie hat, so haben auch ihre sinnlichen Empfindungen weniger Kraft, und bringen sehr selten diejenige Unruhe und Unordnungen hervor, welche sie bey Leuten von der grossen Welt verursachen. Ausserdem ist die Arbeit mit dem Cörper, welche den Kopf ohne ihn zu erhitzen beschäftiget am aller geschicktesten, das Feuer der Einbildung zu ersticken, und daher ist sie auch ein gutes Mittel bey denen Leidenschaften die auf die Wollust führen, denn in Wahrheit erhalten diese nur von der Einbildung ihre ganze tyrannische Gewalt. Müssiggang und Unthätigkeit sind also die vornehmste Nahrung der Liebe, oder wenigstens dasjenige was sie unterhält, und was

sie

sie unübersteiglich macht, indem wir uns selbst überlassen werden. Da erinnert man sich alsdenn, was man vergessen solte. Das Andencken gebiert Sehnsucht nach dem Vergangenen, oder Begierden, man stellt sich wollüstige Bilder vor welche die Sinne erhitzen, man ist nicht mehr Meister über sich, und alles ist verlohren. „ Wenn uns die Liebe ihre erste Un- „ ruhe mit ihren ersten Reizungen empfinden „ läßt, so lehnt man ihr die Waffen wieder „ sich selbst, wenn man allein bleibt und sich „ dem Verlangen überläßt. (*)

Die Arbeit im Cabinet ist selbst noch kein Mittel wieder die Liebe; sie erhitzt im Gegentheile, indem sie den Kopf abmattet, ohne dem Leibe diejenige Bewegung zu geben welche ihm die Ruhe wünschen läßt, und welche ehender den Schlaf als die Wollust heraus fordert. Es ist ausserdem viel leichter seine Glieder zur Arbeit anzustrengen, als den Geist zu ernsthaften Dingen zu lehren, wenn man starck mit sinnlichen Gegenständen beschäftiget ist. Alles ist, in Vergleichung gegen die Liebe so kalt, daß

(*) Fontenelle.

daß ein Gelehrter der von dieser Leidenschaft
eingenommen ist, mit Lateinischen und Griechi-
schen Autoren, mit Samlung von Gesetzen oder
Gebräuchen umringt, sehr öfters Stunden lang
bey offenen Büchern oder die Feder in der Hand
sitzen, und das was er liebt betrachten wird,
ohne sich davon abwenden zu können, um sich
so ernsthaften und der Leidenschaft die ihn be-
herrscht so unbekanten Dingen zu widmen.
Ein Bauer oder ein Handwercksmann im
Gegentheil, der ohne Unterlaß mit schwehrer
Arbeit beschäftiget ist, von welcher öfters sein
Unterhalt abhängt, und welche der Einbildung
keine Nahrung verschaft, wohl aber seinen
Kopf nöthigen seine Arme zu führen, kent fast
nichts als das Physikalische von der Liebe, und
durch dies Mittel ist diese Leidenschaft sehr wenig gefährlich für ihm. Wenn eine Bäuerin
ihm gefällt, so sagt er es ihr so gleich, und
wenn die letztere ihn nach ihrem Sinne findet,
sagt sie es ihm eben so, ohne Scham oder Buhlerey. Sie wünschen sich zu heyrathen, weil
dieses der einzige Weg ist ihre wechselseitigen
Begierden zu befriedigen; aber wenn ihr Unvermögen ihnen noch nicht erlaubt, so heilige

Bande

Bande zu knüpfen, oder ihre Eltern sich ihrer
Verbindung entgegen setzen, so warten sie ruhig
genug ab, biß Zeit und Umstände ihnen erlauben sich zu heurathen.   Ihre Seele wird davon
nicht beunruhiget, und man hat noch keinen
Taglöhner oder ein Mägdgen von den nehmlichen Stande, mit der Sichel in der Hand ge-
sehen, welche ihre Arbeit unterbrochen hätten
um ihrer Liebe nachzudencken, oder sich über
das Schicksaal so sie trennt, zubeklagen.   Finden sich endlich Hindernisse, die nicht zu laßen
wollen daß sie sich heurathen, so suchen sie an-
derweitig Glück, und trösten sich ohne Mühe
daß sie eins des andern nicht seyn können, weil
das Moralische in ihre Neigungen fast gar keinen Einfluß hat, das Physicalische aber bey
ihnen ohngefehr mit jedem andern Individuo,
gleich ist.   Daher sind auch die übeln Ehen,
deren Quelle die Ausschweiffungen sind, auf
dem Lande sehr rar.   Es trägt sich zuweilen zu
daß ledige Leute, sich denen Begierden welche
die Natur einflößt, überlaßen, weil sie in einem solchen Augenblicke kein ander Mittel sie
zu befriedigen haben; aber es ist eine unerhörte
Sache, daß eine verheurathete Frau einen Lieb-

haber

haber haben solte.   Ein unerlaubter Umgang
zwischen zwey freyen Personen ist eine Folge
der natürlichen Neigung unter beyderley Geschlecht; aber der Ehebruch ist ein Werck der
Einbildung und des verderbten Herzens.

Die Liebe als eine physicalische Leidenschaft,
ist also nichts , als Unordnungen von kurzen
Augenblicken, hervor zu bringen fähig.   Es
ist wahr, sie kan nach Beschaffenheit der Umstände mehr oder weniger gefährliche Folgen
haben; aber sie würde nie die grossen Begebenheiten davon die Geschichte voll ist,   verursachen, wenn unsere Einbildung nicht das Feuer
der Liebe unterhielte : Die Folgen der sinnlichen
Empfindung dauren nie länger als sie selbst,
wenn das Moralische dabey keinen Einfluß hat.
Aber wenn sie so auf unsere Seele würckt, daß
sie solche lebhaft angreift, so kan sie die Quelle
der aller grösten Uebel seyn.   Marcus Antonius wird durch die Reizungen der Cleopatra
verführt.   Diese listige Frau, wuste alle schick-
liche Mittel ihn zu bewegen zu gebrauchen:
Sie war eine Königin, sie war unglücklich;
sie komt seinen Beystand anzuflehen, und giebt
ihren

ihren Thron in seine Hände, damit er davon
die Stütze und der Vertheidiger seyn möge;
sie ist schön; ihre gantze Gewalt bestehet in ihrer Schönheit; die Begierden welche sie einflößt, bringen dasjenige verführerische Feuer,
in das Blut des Antonius welches es entzünden
solte; er glaubt solche auch von der andern
Seite aufrichtig, er glaubt geliebt zu seyn, und
seine Einbildung weidet sich an der Ehre dieser
Eroberung. Zu der Trunckenheit der Eigenliebe findet sich auch die Trunckenheit der Vergnügungen, alle Kräfte seiner Seele sind davon
eingenommen; bald siehet er in der gantzen Welt
nichts mehr als die Cleopatra. Der Ehrgeitz
der bißher seine einzige Leidenschaft war, ist
durch die Liebe vertilgt, oder wird vielmehr zu
nichts als ihrem Triumphe gebraucht; er
wünschte Herr der gantzen Welt zu seyn, ietzt
will er sie um weiter nichts unterwerffen, als
dem, daß er liebt damit zu huldigen. Der erste
Schritt auf einer solchen Bahn, ist beständig
schwehr zu thun; es ist zu glauben, daß es dem
Antonius Mühe kostete, die Fulvia zu verlaß-
sen, und der gantzen Welt ein so in die Augen
fallendes Beyspiel derjenigen Verirrungen zu

II. Theil. D geben

geben, zu welchen der menschliche Geist hingezoz
gen werden kan, wenn eine so heftige Leidenschaft
als die Liebe, sich seiner bemeistert hat. Allein
Marcus Antonius mußte die Merckmahle der
Größe biß in seine Schwachheiten über tragen.
Ein furchtsam Gefühl welches sich zu zeigen
scheuet, Bemühungen welche die Decke des
Geheimnisses für jedermans Augen zu verber=
gen weiß, konten in seinem Character gar nicht
seyn.   Er war lebhaft und hitzig, folglich
mußte er übertrieben seyn, und wenn er sich
einmahl hatte unterwürffig machen lassen, muß=
te er seinen Ruhm gebrauchen um seine Schan=
de auszubreiten: Sie zu verbergen, würde eben
so viel gewesen seyn als darüber zu erröthen.
Seine Eigenliebe und seine Eitelkeit, erlaub=
ten ihm kein heimliches Geständniß einer
Schwachheit welche er hätte überwinden sollen,
wenn er sie aus diesem Gesichtspuncte betrach=
tet hätte.   Er wolte im Gegentheile daß man
seinem Siege Beyfall geben und seinen Lastern
räuchern solte: Er forderte daß man seiner Ge=
walt ein solch Zeugniß geben solte. Auf solche
Art wird der Geist verblendet, wenn er dem
gemeinen Haufen durch erbettelten Beyfall et=
                                               was

was weiß zu machen glaubt, dem das Herz wiederspricht, wenn die Tugend nicht der Gegenstand davon ist. Dieser Mann welcher seine Pflicht und seine Ehre, einer seiner Neigung so wenig würdigen Frau, aufgeopfert hatte, wurde von ihr in dem Augenblicke verlassen, der das Schicksaal des Reichs bestimmen solte, das er für niemand als für sie erobern wolte. Aus Furcht die Unfälle ihres Liebhabers theilen zu müssen wenn er nicht als Ueberwinder zurück käme, flohe sie niederträchtiger Weise mit ihrer gantzen Flotte. Antonius hörte es, und in dem Augenblicke, wo er einen Sieg erhalten konte, der ihm so viele Mühe gekostet hatte, vergißt er was er seinem Vaterlande, was er der gantzen Welt die die Augen auf ihn richtete, was er sich selbst schuldig war, verläßt sein Heer, um einer ungetreuen Frau welche nichts als seine Verachtung verdiente, zu folgen, und macht sich im Angesichte des gantzen menschlichen Geschlechts, durch die aller schändlichste Flucht verachtlich.

Wenn der Liebe gantze Macht nur in der sinnlichen Empfindung bestünde, so würden

alle

alle Menschen, weil sie dazu alle fähig sind,
sich eben der Ausschweiffung überlassen welcher
sich Antonius übergab, und die ganze Welt
würde nichts als eine Versamlung von Unsinni=
gen seyn, welche von nichts anders als ihren Lei=
denschaften und den Mitteln selbe zu befriedigen,
eingenommen, zum allgemeinen Besten nichts
beytragen würden; da aber wie ich schon ange=
merckt habe, die Gewalt der Sinne gewisse
Gränzen hat, folglich auch die Begierden wel=
che sie hervorbringen gleichem Geschick unter=
worffen sind, die alzu lebhafte Einbildungen
aber nicht sehr gemein sind, so bringt die Liebe
nicht alle diejenigen Unordnungen hervor davon
sie die Ursache seyn könte, wenn das Morali=
sche beständig mit dem Physicalischen verbun=
den wäre. Unterdessen da der Zug der Natur
zwischen den beyden Geschlechten unveränderlich
ist, und über jedes Individuum würckt, ohne
daß es solches so gar selbst gewahr wird, so hat
die Liebe als eine bloß sinnliche Empfindung
einen zu grossen Einfluß auf das menschliche
Geschlecht, und regiert grösten theils die Welt,
obgleich die Liebe als Leidenschaft, sehr rar ist;
denn dieses letztere setzt gemeiniglich, Hochach=
tung

tung, Freundschaft und Zutrauen, mit einem
Worte, die Vereinigung des Moralischen mit
dem Physicalischen, zum voraus, und dazu
sind sehr wenige Menschen fähig. Wenn also
ein Mensch sagt daß er verliebt ist, so kan man
bey nahe ganz sicher wetten, daß er damit nichts
ausdrücken will, als das Verlangen diese oder
jene Frau zu besitzen, welche ihm vor andern
vorzüglich gefällt, nicht aber daß er sein Leben
mit ihr als ihr Ehemann oder ihr Freund zu=
bringen wolte. Aber wird man sagen, wenn
das Physicalische die einzige Triebfeder dieses
Verlangens ist, warum läßt es Vorzüge zu,
besonders wenn der Gegenstand an sich selbst
weniger Annehmlichkeiten hat, als der welchen
man ihm vorziehet davon man nur zu oft Bey=
spiele siehet? Kan dieses Verlangen nicht eben
so mit allem schlechtweg befriediget werden?
Ich fühle die ganze Stärcke dieses Einwurfs,
folglich versuche ich auch nicht solchen aufzulösen;
dies hieße die Verordnungen des Schöpfers
vergeblich erforschen. Er hat eine dichte Decke
über alle seine Absichten verbreitet, welche zu
durchdringen keinem Sterblichen erlaubt ist;
wir sollen uns begnügen seine Weisheit zu be=

wun=

wundern, ohne seine Absichten zu ergründen
zu suchen; man bemerckt jedoch leicht daß auch
die Thiere diesem Eigensinne unterworffen sind,
denn er findet sich dergestalt in der Natur, daß
das Vieh davon nicht frey ist.

Daher kan man nicht sagen daß er seinen
Ursprung von dem Moralischen habe: Man
findet in der That sehr deutlichen ja selbst un-
überwindlichen Widerwillen in denen Thieren
welche wir beständig vor den Augen haben.
Bezeugen die Stiere nicht sonderbare Neigung
für gewisse noch unbelegte Kühe, da man sie
sich um die Eroberung derselben streiten, oft
durch die Flüsse setzen, mit Eifer auf ihre Nebenbuhler loß schiessen, sich fürchterliche Stösse
geben, und die Wiesen mit Blut benetzen siehet.
Es muß doch also physicalische Verhältnisse geben, welche gantz besonders und von dem allgemeinen Verhalten, welches die Natur unter
den beyden Geschlechten eingesetzt hat verschieden sind. Selbst derjenige der die Würckungen davon empfindet, kan sie nicht beschreiben:
Sie führen denjenigen Reiz mit sich, welcher
ohne allemahl wechselseitig zu seyn, bey dem

Aus

Anblicke gewisser Gegenstände gleichwohl eine
Bewegung der Sinne verursachet, da man
unterdessen kaltsinnig gegen andre ist, die ihnen
gleichwohl vorzuziehen wären. Im Moralischen kent man diese Gleichheit, denn sie ist
es welchen man die Verbindungen der Freundschaft und Zuneigung zu verdancken hat, welche das Wohl und die Glückseligkeit tugendhafter Menschen ausmachen. Man weiß fast
jedoch nicht mehr wem man es zu schreiben soll,
denn nicht immer ist die Gleichheit der Charactere der Ursprung davon; man bemerckt so gar
öfters das Gegentheil davon. O undurchdring-
liche Natur! Du erlaubst unsern unbedachtsa-
men Augen, unsere begierigen und vorwitzigen
Blicke auf die Geheimnisse welche du verschlossen hältst zu richten, warum erregst du in uns
unersättliche Begierden, die doch unvermögend
seyn sollen? Kaum kennen wir ihre Würckungen und wollen doch die Ursachen davon entdecken: lösche diese unsinnige Hitze in uns aus,
und weil unsre schwachen Hülfstheile, nichts
als nur die Oberflächen wahr nehmen können,
so vertilge wenigstens in uns den Gedancken des
Nachforschens. Man sieht aus denen wenigen

D 4   An-

Anmerckungen welche ich bereits gemacht habe, deutlich, daß, nur das Moralische der Liebe diese Leidenschaft gefährlich macht; und dieses Moralische ist unser Werck. Wir sind es, die, mit den Gaben des Schöpfers nicht zu frieden, seinen Wohlthaten noch etwas beyfügen zu können glauben. Durch Hülfe unserer Einbildung, gebiehret unser Geist Hirngespinste, welche wir würcklich machen wollen: Wir entwerffen uns ein eingebildetes Glück, welches indem es sich in der Natur gar nicht findet, durch sie nicht erkennt wird und unsre Vergnügungen vergiftet. Wir laufen einem eingebildeten Gute nach, und das wahre entwischt uns. Man schämt sich des Physicalischen der Liebe, während dem man in dem Moralischen, welches das einzige ist so die Verbrechen hervor bringt, Ruhm sucht. Unser verderbtes Herz untergräbt alle ihr Anzügliches und macht aus einem rechtmäßigen Vergnügen eine schändliche Ausschweifung: Um unsern öfters sehr verderbten und bey nahe beständig unzuläßlichen Geschmack zu befriedigen, lassen wir uns durch nichts halten, und der Umfang unserer Begierden ist das einzige Maas unserer Laster.

Hein-

Heinrich der Achte wurde von der Anna von
Bulen eingenommen. Die Ehrbarkeit dieses
Frauenzimmers oder ihre Klugheit, machte
daß sie den Begierden ihres Oberherrn wiederstand; dieser Wiederstand diente, die Leidenschaft des Königs nur noch mehr zu reißen; er
verlangte das was er liebte zu besißen, um welchen Preiß es auch seyn möchte; sein heftiger
und unumschränckter Character, konte durch
die Scham über seine Schwachheit und die
Furcht von der Reue nicht zurück gehalten werden. Das einzige Mittel zu seinem Zwecke zu
gelangen war, sie auf den Thron zu erheben,
aber dieser war von einer eben so frommen als
schönen Prinzeßin beseßt. Diese so ansehnli-
che Schußwehre, hätte seine unbilligen Begierden im Zaum halten sollen; allein Heinrich
kenute keinen Zwang und entschloß sich, alle
Hinderniße welche sich seinem Glücke wieder-
seßten aus dem Wege zu räumen. Die Be-
dencklichkeiten welche Er zuweilen über die
Rechtmäßigkeit seiner Ehe gehabt hatte, (*)

D 5   hatten

(*) Die Königin war als er sie heurathete, schon
die Wittwe seines Bruders.

hatten zeither nur geringe Herrschaft über ihn
gehabt; allein seine Liebe zu der Anna von
Bulen, verwandelte diese Zweifel in Gewissens Bisse; er glaubte strafbar zu seyn oder
stellte sich es zu glauben, und selbst die Religion, die er beleidigte, solte seinen sträflichen
Begierden dienen. Die Heuchelen ist das
gröste von allen Lastern: Sie ist die Verachtung der Tugend in eben der Zeit wenn sie das
Vorbild davon ist. Er hält bey Clemens den
siebenden um seine Ehescheidung an, und da
er sie nicht erhalten kann, wirft er das Joch
dieses nehmlichen Pabstes ab, dessen Einsich-
ten er so eben angeruffen hatte, ihm über seine
Pflichten zu belehren. Die heiligen Bande
der Ehe, sein am Altare vor GOtt, dem Rä-
cher des Meyneids, geleistetes Gelübde, die
Tugend und die Thränen der Königin, sein
Gehorsam gegen die Kirche, die Lehrsätze seiner Religion, sein Glaube selbst, alles wird beleidiget. Er zitterte nicht sich zu unterstehen
die Hand selbst an das Rauchfaß zu legen, und
sich zum Schieds-Richter des Glaubens seiner
Unterthanen zu machen. Er erröthet endlich
nicht seinem Königreich eine andre Gestalt zu

geben

geben, um eine eben so unbesonnene als strafbare
Leidenschaft zu befriedigen. Ein Fürst der sol:
cher Ausschweiffungen fähig ist, zeigt durch die
Heftigkeit seiner Begierden selbst, seinen Wan=
ckelmuth an. Auch Heinrich zögerte nicht da:
von sehr klare und verhaßte Proben zu geben.
Die ersten Schritte auf dem Wege der Tugend
sind immer mühsam. Man geht nicht anders
als sehr langsam darauf her: Das Herz wel=
ches noch von den Bildern der Vergnügungen
so man aufgeopfert hat voll ist, sucht oft einen
Vorwand um den Fortgang im Guten zu hem=
men; es seufzet, es girret, es wirft noch un=
ruhige und zweifelhafte Blicke nach den Ufern
Babylons dessen Reize es nicht anders als mit
Bedauren verläßt: Es wird zuweilen gereizt
wieder zurück zu gehen, allein es schämt sich
seiner Schwachheit, und wafnet sich mit neuem
Muthe, um seinen Lauf fortzusetzen. Derglei=
chen Abwechselungen erfährt eine bey denen
Reizungen der Tugend empfindsame Seele, die
aber noch nicht sattsam genug in ihrem Wege
befestiget ist, um nicht einen Kampf zu erfahren
dessen Schlachtopffer sie lange Zeit gewesen,
ehe sie Ueberwinderin davon geworden. Es
vers

verhält sich nicht eben so mit dem Laster. Seine Bahn ist mit Blumen bestreuet, man durch-
lauft sie mit eben so viel Geschwindigkeit als
Vergnügen. Dies macht ihre ersten Schritte
so gefährlich. Heinrich hatte bereits sich un-
terstanden die aller heiligsten Grentzen zu überschreiten, um seine Leidenschaft für Annen von
Bulen zu befriedigen. Eine neue Leidenschaft
machte ihn noch kühner. Um die Schande seiner ersten Schwachheit zu bedecken hatte er
wenigstens Vorwand gesucht; die zweyte aber
trift ihm in dem Laster schon befestigt an, und
läßt ihm so gar nicht einmahl die Vorwürffe
darüber übrig. Der Abscheu für der aller
grösten Uebelthat hält ihn nicht auf, und nicht
zu frieden eine Frau umbringen zu lassen, welche
nichts verschuldet hatte, als daß sie eine Ne-
benbuhlerin hatte, beschuldigt er sie noch die
eheliche Treue gebrochen zu haben, ohnerachtet der aller klaresten Beweise ihrer Treue, ihrer ungezwungenen und aufrichtigen Antworten, bey der beleidigenden gerichtlichen Frage
zu welcher man sie nöthigte, ihrer Betheurun-
gen, ihrer Sanftmuth und ihrer Unterwürffig-
keit gegen das ungerechte Urtheil welches ihr

Ehre

Ehre und Leben raubte, ohne daß ihr die ge=
ringste Klage gegen den barbarischen Gemahl
entfuhr, der um nichts anders an ihr Leben
wolte, als Johanna von Seymour ihre Neben=
buhlerin zu crönen. Der rührende Brief, wel=
chen sie nachdem ihr Urtheil gesprochen war an
Heinrichen schrieb, ihre Schönheit, und selbst
diese Liebe welche Heinrichen um sie zu besitzen,
zu so grossen Ausschweiffungen verleitet hatte,
nichts war im Stande seine Grausamkeit zu
beugen. Die Menschlichkeit selbst hat keine
Gewalt mehr über eine durch das Laster ver=
unehrte Seele, welche durch eine viehische Lei=
denschaft verblendet ist, und welche um diese zu
befriedigen, sich zu entehren keine Scham hat.
Das letzte Ziel des Lasters ist, uns gegen die
Gewissensbisse unempfindlich zu machen. Die
Reue kan ein Herz das durch die Gewohnheit
der Uebelthaten abgehärtet ist, nicht mehr an=
fassen; ihre brennenden Züge verbrausen: In
Heinrichs Herzen, folgte auf die aller unge=
zähmteste Liebe der Haß, und rächte Catherinen
von Arragonien. Um seine Leidenschaft für
Annen von Bulen zu befriedigen, hatte er die
Macht der Gesetze und der Kirche abgeworf=
fen;

um sich zum Besitzer der Reizungen der Johanna
Seymour zu machen, verletzt er die Menschlichkeit und wird eben so grausam als ungerecht.
Um nicht im Laster zu leben wird er der laster-
hafteste von allen Menschen, und um das Maas
seiner Schandthaten und der Unanständigkeit
seiner Ausschweiffungen voll zu machen, heu-
rathet er seine Liebhaberin den Tag nach der
Hinrichtung der Annen von Bulen, öffentlich.
Was für ein schröcklich stuffen weises Steigen,
findet sich nicht in dem schändlichen Betragen
dieses Monarchen? Und welchen Abscheu muß
es nicht gegen eine Leidenschaft die fähig ist zu
solchen Ausschweiffungen zu verleiten, einflössen? Fürchterliche Leidenschaft, schändliches
Laster! Welche unüberwindliche Bezauberung
besitzest du denn für die Sterblichen! Wie entzündet deine Wuth dasjenige verzehrende Feuer
in uns, welches indem es unser Herz mit seiner unreinen Flamme besudelt, das heilige Eben-
bild der Tugend das der Schöpffer darein ge-
prägt hatte, vertilgt? Verzagte und niederträchtige Menschen, deren Eigenschaft die
Schwachheit ist, hat denn das Laster allein die
unglückliche Macht eure Natur zu verändern,

und

und aus, dem Weſen nach ſchwachen leutſeli-
gen, ſtrafbare Verwegene zu machen?

Könen dieſe durch ihre Grauſamkeit berühmten Beyſpiele wohl als das alleinige Werck der
Sinne angeſehen werden; und wird man wohl
glauben, daß der Naturtrieb allein uns zu ſolchen Ausſchweiffungen verleite? Nein, gewiß
nicht: Eine vorübergehende ſinnliche Empfindung, kan niemahlen im Stande ſeyn die Menſchen wild und barbariſch, und noch geringſchä-
ßiger als das Vieh zu machen. Der Urheber
unſeres Weſens hat uns ſanftmüthig und leut-
ſelig geſchaffen, wir bleiben es auch ſo lange
wir ſeine Ordnung nicht unterbrechen, und
wenn wir keinen andern Führer hätten, als die
Neigungen ſo er in uns gelegt hat, ſo würde,
wenn unſere Begierden unerlaubt wären, die
leichteſte Bemühung ſie leichtlich überwinden:
Aber wenn ſich das Moraliſche darein miſcht,
ſo giebt das Feuer der Einbildung, welches
eine unerſchöpfliche Nahrung der Sinne iſt,
denen Gegenſtänden die es erregen, eine unbe-
zwingliche Gewalt. Unſer Herz wird der
Schauplatz aller Leidenſchaften; ſie verſamlen
ſich

sich daselbst in Menge, und scheinen sich den
Vorzug streitig zu machen, unsern Sinnen eine
Herrschaft zu geben, welche diese ohne sie, niemahlen erhalten haben würden.   Unsere sich
selbst überlassene Neigungen, bringen niemahlen mehr als eine leichte Flamme hervor, welche der geringste Wind leichtlich auslöscht; wenn
sie aber durch die Einbildung verstärckt sind,
kennen sie keinen Zügel mehr.   Die Eigenliebe
insbesondere, dieser unbegreifliche Protheus,
der unter welcher Gestalt er sich uns auch zeiget, bey nahe beständig sicher ist uns unterwürffig zu machen,   setzt alle Kräfte unserer
Seele in Bewegung, und spannt alle ihre Triebfedern an.

Heinrich der Achte, ist von den Reizungen
der Johanna Seymour getroffen, seine Sinne
sind davon bewegt, dieser Bewegung folgt so
gleich das Verlangen sie ohne Zwang zu besitzen, allein seine Verbindungen mit Annen von
Bulen wiedersetzen sich der Vereinigung mit
seiner neuen Liebste.   Dieses Hinderniß macht
in einem stolzen und auf seine Gewalt eifersüch-
tigen Herzen, aus einer schlechten sinnlichen

Ein-

Empfindung eine unzudämpffende Leidenschaft.
Der Hochmuth Heinrichs wird durch die
Schwierigkeit aufgebracht; dieser Printz ist
heftig und herrisch: Alles muß also seinem Willen
nachgeben, und sich unter seine Gesetze beugen.
Die Liebe als eine physicalische Leidenschaft war
ohne Zweifel die vornehmste Triebfeder aller
Ausschweiffungen zu denen sich Heinrich der
Achte verleiten ließ, aber das Moralische war
es das ihn ungerecht und grausam machte. Die
Verirrung seiner Einbildung war es, der er
sich überließ; diese war es, die indem sie ihm
die beglückte Liebe mit den allerlebhaftesten und
allerverführerischten Farben mahlte, in seinem
Herzen ungezähmte Begierden hervor brachte,
welche die Eitelkeit biß zu einem solchen Grade
anflammete, alles aus dem Wege zu räumen, um
sie zu befriedigen. Einbildung, so sehr ge-
rühmte Einbildung, du von welcher das Wohl
und Wehe aller Sterblichen abhängen: Wir
Unvernünftigen überlassen uns dem tödtlichsten
von allen unsern Feinden, wenn wir uns deinen Hirngespinsten überlassen. Du allein bist
die Nahrung welche das Feuer unserer Leidenschaften unterhält und langwierig macht! Du

II. Theil.   E   ziehst

ziehst unsere Ketten noch enger zu sammen, in=
dem du die Abgründe welche uns umgeben mit
Blumen bestreuest, um uns die Gefahr dersel=
ben zu verbergen.   Wenn die Liebe dir alle sei=
ne Reizungen zu verdancken hat, so ist sie dir
auch alle ihr Unglück schuldig; ihre Eifersucht,
ihren Unsinn, ihre Wuth; den Ehrgeitz, die
Verzweiflung und die Rache.   Du bist es die
unsere Tage vergiftet, indem du uns wieder uns
selbst bewafnest; durch dich ist das gegenwärti=
ge nichts für uns, es entschleicht uns ehe wir
es genossen haben; beständig vom Zukünftigen
eingenommen, leben wir für nichts als für
Blendwercke.   Es scheint als wenn du, eifer=
süchtig über das wenige angenehme welches uns
die einfältige Natur darbietet, uns denjenigen
Vergnügungen entreissest welche wir geniessen,
um uns andre vorzustellen welche niemahlen be=
stehen werden und welche uns nichts als ein ab=
scheuliches Leere für das Gegenwärtige, un=
nütze Betrübniß über das Vergangene, und ohn=
mächtige Wünsche für das Zukünftige übrig
lassen.

Kann die Liebe uns zu den allergrösten Aus=
schweiffungen verleiten, wenn sie durch die Ein=
bil=

bildung erhitzt ist, welche Gewalt verübt sie
nicht wenn sie von Seiten des geliebten Gegen-
·standes Hinderniß findet? Alsdenn wird ein zu
empfindliches Herz, von der Wuth der Eifersucht zerrissen; dies ist die allergröste Quaal
der Liebe; nicht der. physicalischen sondern der
moralischen Liebe. Man wird mir ohne Zweiffel
einwerffen, die Eifersucht finde sich in der Natur,
weil die Thiere ihrer fähig sind ; aber ich be-
haupte, daß sie anders nicht eifersüchtig sind
als wenn ihre Leidenschaft nicht befriediget ist,
und daß sie aufhören es zu seyn, so bald durch
den Genuß, ihre Sinne die Herrschaft verlohren haben.

Bey den Menschen ist es nicht das nehmliche.
Das Gefühl der Eifersucht welches tausendmahl
barbarerische Würckungen hervor bringt als die
Rache, überlebt in ihnen die sinnlichen Empfindungen, ja die Liebe selbst, die doch sein Ursprung ist. Diese letztere kan in Wahrheit nichts
als ein schlechtes Verlangen eines Besitzes von
kurzen Augenblicken eingeben, und ohne die
nachgemachten Leidenschaften welche von unserer
Eigenliebe gebohren werden, kan, so lange der

E 2   Ge-

Gegenstand so uns gefällt uns nicht genommen
wird, das Antheil unserer Glückseligkeit keine
dergleichen heftige Bewegungen in uns erregen,
von welchen wir zuweilen getrieben werden,
und welche öfters so betrübte Folgen haben.
Was geht mich das Glück eines andern an, so
bald es das meinige nicht hindert? Die Son-
ne welche die Felder vergoldet und den Blau
des Himmels so vielen Glanz giebt, hat diese
weniger Reiz für mich weil ihr wohlthätiges
Licht diese und jene Helfte der Erde erleuchtet?
Solte ich jenseitigen Völckerschaften um die
Wärme und die Klarheit beneiden, welche sie
mir auf einige Stunden entzieht, um jene an ihrem Theile auch damit zu begünstigen? Nein,
gewiß nicht, selbst in ihrer Abwesenheit preise
ich ihren göttlichen Urheber daß er eine Wohl-
that nicht für mich allein aufgehoben hat, deren
Genuß einen neuen Werth erlangt, wenn man
ihn mit allem was athmet, theilet. Wenn das
ausschließliche Verlangen ein Gut allein zu besitzen, sich in der Natur findet, so ist es gewiß
nur in der moralischen Natur, und unsere Eigenliebe ist davon die einzige Ursache. Der
Mensch, tausendmahl grausamer als die wilden
Thiere

Thiere in den Wäldern, wünscht, so bald er einen Gegenstand gewahr wird der seine Sinnen in Bewegung bringt, auch so gleich ihn zu besitzen und will den Genuß davon allein haben; es ist so gar nicht nöthig daß das Gefühl, an der Leidenschaft die ihn beunruhiget um seine Eifersucht rege zu machen, einigen Antheil habe. Denn sehr oft ist ihm ein Mitwerber verhaßt, obgleich er den Gegenstand welchen er gefangen hält, verachtet; er wendet alle Mittel an, die nur gebraucht werden können um zu entdecken, ob er nicht, wie er es nennt, betrogen ist (denn kan man wohl betrogen seyn, wenn man keine Achtung heget?) Entdeckt er es, so bemeistern sich Eifer und Wuth seiner so gleich; ein zu glücklicher Nebenbuhler und eine treulose Liebste müssen seiner Rache aufgeopfert werden, selbst Ruhe und Leben muß gewagt werden, um einen geringschätzigen Grad von Ehre zu befriedigen, welchen man durch die Theilung einer Gunst verletzt hält, die doch nichts von ihrem Werthe verliehrt, so bald es nicht das Gefühl ist so sie zu gestehet. Diese vermeinte Beleidigung ist inzwischen doch fähig die schrecklichste Rache zu erregen. Was ist davon der

E 3 Grund,

Grund, wenn es nicht die ungezähmte Eigen=
liebe ist, welche keine Grentzen als das äusser=
ste Uebertriebene kent, und welche dem grau=
samen Vergnügen sich zu rächen alles aufopfert,
so bald es sich beschimpft glaubt. Wir wollen
daher die Natur, nicht unsers Irrthums und
unsrer Laster beschuldigen. Wir sind die=
jenigen die sie verderben, unsere Einbildung ist
es, die man mit den allererhabensten Nahmen
belegt hat; das himlische Feuer, geschaffen die
gantze Natur zu beleben, und allen Wesen das
Daseyn zu geben, dieses ist es welches uns un=
ter das Vieh herunter setzt, wenn wir uns Ab=
weichungen überlassen, zu welchen die Thiere
weil sie dieser gefährlichen Gabe beraubt sind,
unfähig sind.

Wir haben indessen die Vernunft zu unsern
Theile,
Deren Gebrauch ihr nicht kennet,
Unschuldige Thiere; seyd darüber nicht eifer=
süchtig;
Denn es ist eben kein so grosser Vortheil:
Diese stolze Vernunft, davon man so viel
Wesens macht
Ist gegen die Leidenschaften gar kein siche=
res Mittel. Ein

Ein wenig Wein bringt sie in Unruhe,
      Ein Kind verführt sie,
Und ein Herz das sie zu Hülfe ruft,   zu zer-
                  reissen
    Ist die gantze Würckung die sie hervor
                  bringt.
Immer ohnmächtig und doch strenge,
      Wiedersetzt sie sich allem, und übersteigt
                  nichts. (*)

Die Eifersucht, ob sie gleich eine moralische und durch die Eigenliebe eingeflößte Leidenschaft ist, hat gleichwohl ihren Ursprung im
Physicalischen, sie ist eine von denjenigen Empfindungen welche am meisten von der Liebe ab-
hangen; allein die Gewalt des Moralischen über
das Physicalische ist es was diese Leidenschaft so
hitzig macht.   Die Geschichte ist mit nichts
als Unordnungen welche sie hervor gebracht und
mit Grausamkeiten die sie hat begehen lassen,
angefüllt.   Wie ist es möglich daß ein dem
Anschein nach so sanftes und zärtliches Gefühl
als die Liebe, die allergrausamsten Laster gebäh-
          E 4   ren

(*) Idylle auf die Schaafe, durch Frau Des-
houlieres.

ren kan? Wir haben unterdessen davon nur zu
viele Beyspiele, und die Würckungen des aller-
giftigsten Hasses, sind nichts gegen die Folgen
der Eifersucht. (*)   Es giebt keinen einzigen
Liebhaber, welcher nicht in der Ausschweiffung
seiner Leidenschaft, seiner Geliebte schwöhrt,
wie er bereit ist, ihr seine Freyheit, seine Ruhe,
ja sein Leben selbst aufzuopfern, und er ist aufrichtig.   Sein Mund ist in diesem Augenblicke,
nichts als der Dollmetscher seines Herzens. Er
glaubt darinnen einen unbedingten Vorzug des
Glücks derjenigen die er liebt,   für dem seinigen zu finden, und sieht gar keine Hinderniß,
welche ihm unüberwindlich schiene, um ihr solches zu verschaffen.   Allein er betrügt sich selbst.
Diejenige welche leichtgläubig genug ist, oder
den Gang der Leidenschaften nicht genugsam
kent, um es zu glauben, ist in dem nehmlichen
Irrthume, und vielleicht nur zu nahe dran
das Schlachtopfer davon zu werden.   In
Wahr-

(*) Man will das gantze Glück, oder wenn die-
    ses nicht seyn kan das gantze Unglück, desje-
    nigen was man liebt, machen.

La Bruyere, Charactere 1st. Theil. 4. Cap. vom
    Herz.

Wahrheit wünscht ein Liebhaber das Glück derjenigen die er liebt, mit Eifer, allein es muß
nicht nur mit dem seinigen übereinstimmen, sondern es muß auch solcher Gestalt mit demselben
verbunden seyn, daß es gantz davon abhängt.
Die Eifersucht ist davon einer der aller überzeu-
gendsten Beweise: Denn dasjenige was seine
Freude und Wollust war, wird seine Quaal so
bald er nicht mehr der Gegenstand davon ist,
weil kein einzig Gefühl so wenig uneigennützig
ist als die Liebe. (*) Und wie könte sie es seyn?
Sie hat eine sinnliche Empfindung und zwar
die allerlebhafteste von allen, zum Grunde.
Die Freundschaft deren Ursprung aus dem Hertzen
komt, und keine Herrschaft über unsere Seele
hat, ist edel und erhaben wie die Tugend von
welcher sie abstammt. Man wird ohne Zweifel wünschen, sich niemahlen von seinem Freunde trennen zu dürfen, allein wenn er anders
nicht glücklich seyn kan, als indem er uns verläßt so opffert man ihm ohne Anstand das Glück
auf, welches sein Anblick und seine Gesellschaft

E 5   über

(*) Nichts ist tyrannischer als die Bitten der
    Liebe.

Memoires der Frau von Maintenon 3. Thl. p. 42;

über unfer Leben verbreiteten. Die Vorstel=
lung von feiner Glückfeligkeit, tröftet über die
allerhärtefte Beraubung die ein zärtlich Herz
empfinden kan; und wenn die Freundfchaft da=
gegen fich beklagt, fo erftickt das nehmliche Ge=
fühl welches folches erregt, es auch bald wie=
der. Aber mit der Liebe verhält es fich gar
nicht fo: Man muß das was man liebt, fehen
und befitzen, um welchen Preiß es auch fenn
möchte; denn die vornehmfte Begierde ift finn=
lich und das Gefühl ift dabey nur zufällig.

. Die Freundfchaft weiß auch die Abwefenheit
zubenutzen, die Seele ift einer Wolluft fähig
deren Dauer weder Zeit noch Ort unterbrechen
können, weil der Ueberdruß ihr unbekant ift.
Aber die Liebe genießt nicht anders als bey dem
würcklichen Befitz: Die Ruhe des geliebten
Gegenftandes, fein Glück, feine Ehre fo gar,
hält fie nicht auf, wenn diefe Leidenfchaft in ih=
rer Heftigkeit ift. Die Hitze des Vergnügens
übernimt fie, und man opffert dabey alles auf.(*)

Es

(*) Von der Liebe, aus dem gröften Theile ihrer
    Würckungen zu urtheilen, folte man fie viel=
    mehr

Es giebt kein Gefühl, wo dieſes Ich, dem wir einen ſo unumſchränckten Vorzug für allen andern Weſen zu geben durch den Naturtrieb bewegt werden, mehr Herrſchaft hätte, als bey der Liebe. Das Phyſicaliſche ſetzt es ein, und das Moraliſche breitet es aus. Der dem Anſcheine nach aller demüthigſte Liebhaber, wird ein grauſamer Tyrann ſo bald die welche er liebt, oder welche er ſich wünſcht, für einen andern ungleich glücklichern oder ſolches zu ſeyn würdigern Gegenſtand, denjenigen eigenſinnigen Geſchmack gewinnet, welchen die Liebe ohne die Vernunft zu Rathe zu ziehen, eingiebt. Weit entfernt ſich alsdenn biß auf diejenigen zärtlichen Vorwürffe einzuſchräncken, welche viel geſchickter als der Zorn ſind, ein Herz das man ihm entführen will wieder zurück zu bringen, überläßt er ſich der Wuth und der Rache. Er wird ein Meineidiger ohne Gewiſſensbiſſe, und ſeine ſo oft wiederhohlten Eidſchwüre einer ganz

mehr für Haß, als für ein zärtliches Gefühl halten.

Moraliſche Gedancken und Betrachtungen über verſchiedene Materien. Ueber die Leidenſchaften. pag. 41.

gänzlichen Aufopfferung ſeiner allerſchäzbarſten
Wünſche, zum beſten ſeiner Geliebten, ſind
für ihm nur ein Beweggrund mehr, um dieſe
zu verlezen. Er beſtraft ſie, wenn es in ſeiner Gewalt ſtehet, daß ſie ohne ihn glücklich zu
ſeyn, ſich unterſtehet, und man könte ſagen
(dies wäre ſicher für etwas ungewöhnliches zu
halten, wenn die Erfahrung es nicht zu ſehr
beſtätigte) daß diejenige Perſon welche ein
Menſch zuweilen am wenigſten liebt, ſeine lieb-
ſte iſt. Man wird vielleicht ſagen, daß es in
der Liebe Beyſpiele der alleruneigennützigſten
und allerunbedungenſten Aufopfferungen hat,
weil man Liebhaber geſehen, welche ihren Geliebten freywillig entſagt und ſelbe ſo gar bewo-
gen haben, mit andern unauflößliche Verbindungen einzugehen, dadurch ſie ihrer auf immer
beraubt worden. Aber wenn man darüber recht
nachdencken will, ſo wird man finden daß ein
ſolch großmüthiges Beſtreben ein Werck der
Freundſchaft und nicht der Liebe war. Das
Gefühl macht die Seele erhaben, aber die Sinne erniedrigen ſie. Die Vortreflichkeit der
Seele, kan die Liebe reinigen wenn ſich zu den
Begierden Hochachtung findet; alsdenn macht
das

das Gefühl die ſinnlichen Empfindungen unterwürffig, die Tugend nimt ihre Rechte wieder,
und die Liebe behält von ihrem Feuer nichts,
als diejenige Hiße welche die Herzhaftigkeit ſich
ſelbſt zu überwinden, und ſich der Pflicht zu
unterwerffen, zu erregen geſchickt iſt.

Wenn die Vernunft Leidenſchaften zulaſſen
könte, ſo würde es Fälle geben, wo die Eiferſucht erlaubt ſcheinen würde, ſo wie etwan bey
einem Ehemanne gegen ſeine Frau oder einer
Frau gegen ihren Mann. Allein dieſes ſeinem
Urſprunge nach billige Gefühl, welches ſo gar
zu Erhaltung guter Sitten beytragen könte,
wenn es durch die Klugheit und eine ordentliche
Liebe geleitet würde, artet ſehr oft in Unſinn
aus, und erniedriget das Gefühl, welches die
einzige Grundlage davon ſeyn ſolte. Dieſe
zärtliche Unruhe welche bey einer beſcheidenen
und empfindſamen Seele ein Mißtrauen gegen
ſich ſelbſt einflöſſen ſolte, müßte, weit entfernt
das heilige Bündniß der Ehe zu beleidigen, zu
weiter nichts dienen als die Bande deſſelben
noch genauer zu verknüpffen, neue Reißungen
darüber zu verbreiten und das Matte das ein

ruhiger

ruhiger Genuß zuweilen hervorbringen kan,
davon zu entfernen. Allein es ist sehr rar wenn
die Eifersucht in solchen Gräntzen bleibt daß sie
die Ehrbarkeit nicht verletzet. Sie ist gemeiniglich beleidigend, und ihr Argwohn für die
Tugend schimpflich, weil sie fast immer bey derjenigen die der Gegenstand davon ist, ein Laster
voraussetzt. Philipp der Zweyte giebt uns davon ein rührendes Beyspiel. Dieser falsche,
treulose, und grausame Printz, trug seinen
Character in alle Leidenschaften von denen er
angegriffen wurde, über; keines einzigen zärtlichen Gefühls fähig, kennte er von der Liebe
nichts als ihre verhaßten Züge, welche sie tausendmahl unversöhnlicher machen, als den Haß.

Als Carl der Fünfte sich in die Einsamkeit
in welcher er seine Tage beschloß, begeben
wolte, machte er mit Heinrichen den 2ten einen
Stillstand, und überließ die Crone Philippo,
seinem Sohne. Dieser letztere der von der
Unterbrechung des Kriegs, Nutzen ziehen wolte,
um mit Franckreich einen ernstlichen und dauerhaften Frieden zu schliessen, begehrte von Heinrich den zweyten seine Tochter Elisabeth für
seinen

seinen Sohn Don Carlos, zur Gemahlin. Sein
Vorschlag wurde angenommen, und man war
von einer Seite wie von der andern auf nichts
als die Vorbereitungen zu dieser Vereinigung
bedacht. Allein da solche durch den auf Anstif-
ten der lotharingischen Prinzen erfolgten Bruch
des Stillstandes verzögert worden, wurde Philipp in dieser zwischen Zeit durch den Tod seiner zweyten Gemahlin, Marien Königin von
Engelland, ein Wittwer. Da er nur einen
Sohn hatte, so brachte ihm die Furcht daß er
solchen verliehren könte, bevor er Kinder hätte,
zum Entschluß sich wieder zu verheurathen.
Er ließ also die Prinzessin welche dem Don
Carlos versprochen war, für sich begehren.
Heinrich hätte ohne Zweifel vorgezogen, sie lie-
ber einem jungen Prinzen zu geben, der wür-
diger war ihr zu gefallen, als ein schon alter
König, von einem harten und verstellten Character. Allein der langen und grausamen Kriege
welche er gegen Spanien zu unterhalten hatte,
(und besonders des letztern welcher ihn des Kerns
seines Adels beraubet hatte) überdrüssig
fürchtete er, sie durch eine abschlägige
Antwort wieder zu erneuern und entschloß sich
also

also seine Tochter dem Staate aufzuopffern.
Diese unglückliche Prinzeßin, das Unterpfand
des so sehr gewünschten Friedens zwischen zwey
Cronen welche so lange Nebenbuhlerinnen gewesen waren, wurde ein unglückliches Schlachtopffer der Staatsklugheit, und bezahlte mit ihrer Ruhe und mit ihrem Glücke, das Glück
Franckreichs welches ihr das Leben gegeben
hatte, und Spaniens welches ihr es auf so
grausame Art rauben muste. Diese Neuigkeit
überhäufte den Don Carlos mit Kummer.
Die Abbildung dieser Prinzeßin und alles was
der Ruf von ihrem Verstande und ihrer Schönheit, ihm in der Zeit als sie noch ihm bestimt
war, hatte erfahren lassen, hatten den ersten
Saamen der Liebe bereits in sein Herz gelegt.
Seit langer Zeit wartete er ungeduldig auf den
glücklichen Augenblick der ihn zum Besitzer so
vieler Reizungen machen solte.   Die so unerwartete als unübersteigliche Hinderniß, welche
sein Vater seinen Wünschen entgegen setzte, in
dem er ihm die Elisabeth weg nahm, reizte
seine Begierden anstatt sie zu dämpffen, und
machte aus einem kaum angehenden Geschma-
cke, die allerheftigste und allerunbezwinglichste
Lei-

Leidenschaft. Die Prinzeßin ihrer Seits, welcher man eine vortheilhafte Beschreibung von dem Printzen gemacht hatte, hatte sich auch durch die schmeichelhaften Gedancken welche diese Heurath ihr versprach, einnehmen lassen. Die Liebe hatte sich in ihrem Hertzen unter dem Scheine der Pflicht eingeschlichen, und dieses Gefühl, so sanft zu empfinden wenn die Tugend es gut heisset, hatte schon nur zu starcken Fortgang in ihrem Hertzen gewonnen als sie vernahm, daß sie es ersticken müßte. Philippen ein Hertz zu bringen das sie ihm nicht geben konte ohne es seinem Sohne zu entreissen, schien ihr in dem ersten Augenblicke, ein Opffer zu seyn das ihre Kräfte überstieg. Doch der Aufruhr ihrer Sinne konte ihre Hertzhaftigkeit nicht erschüttern. Der Gehorsam welchen sie ihrem Könige und ihrem Vater schuldig war überwog jenes. Sie reiste mit beklemten Hertzen ab, jedoch fest entschlossen alles anzuwenden um eine Neigung zu überwinden welche ihrer Pflicht entgegen war, und welche sie sich ohne Verbrechen nicht erlauben konte. Don Carlos gieng ihr entgegen. Diese erste Zusammenkunft erregte in ihren Seelen eine Unruhe und eine Bewegung, welche

II. Theil.　　　　F　　　　ihnen

ihnen kaum zulieb sich anzusehen, und welche
ihnen nur zu sehr anzeigte, was für Mühe sie
würden anwenden müssen um den Geschmack
den sie für einander hatten, zu überwinden.
Der Anblick des Königs, sein Alter, seine an=
genommene Kaltsinnigkeit, die Verstellung und
Falschheit seines Characters, waren eben nicht
geschickt die Elisabeth von der Liebe welcher ihr
Don Carlos eingeflösset, zu heilen. Jedoch
ohnerachtet der Ausschweiffung der Liebe dieses
Prinzens, und dem Bekäntniß welches er der
Königin davon zu machen sich unterstand, gab
ihm diese Prinzessin doch nie die geringste Hoff=
nung, und erlaubte sich auch nicht die aller=
kleinste Schwachheit welche ihre Tugend hätte
schmälern können. Ihrer Pflicht, so grausam
sie auch war, ergeben, verzehrte sie in dem
innern ihres Herzens, ihren Wiederwillen und
ihren Verdruß, und wenn ihr herzhafter Wie=
derstand nicht fähig war ein Feuer auszulöschen
welches der unumgängliche Anblick des Gegen=
standes der es erregte, ohn Unterlaß unterhielt,
so hielt sie doch wenigstens die Würckungen
davon auf, und machte die Liebe über sich selbst
sieghaft.

Don

Don Carlos, unglücklich, und ohne Aufhö-
ren von einer Leidenschaft gequält, die ohne
Hofnung war, Zeuge von dem Glück seines
Vaters, der vor seinen Augen den Gegenstand
seiner Wünsche besaß, faßte den Endschluß,
Mittel zu suchen sich von einem Hofe zu entfernen, welcher ihm nichts als Gelegenheit zur
Betrübniß und Verzweiflung dar bot. Die
Königin, von dem betrübten Zustande dieses
Prinzen gerührt, war die erste welche ihn an-
reitzte diesem Vorsatze zu folgen, indem sie selbst
wünschte ein zu zärtliches Gefühl aus ihrem
Herzen zu reissen, welches ihre Tugend allzu-
starcken Versuchungen aussetzte. Sie hofte
von der Abwesenheit, wieder ihre eigene
Schwachheit Hülfe, welche ihr ihre Vernunft
und ihre Herzhaftigkeit bißher nicht hatten verschaffen können. In dieser Verfassung zeigte
sich eine günstige Gelegenheit, ihre Absichten
zu erreichen. Ein entstandener Aufruhr in den
Niederlanden veranlaßte den Don Carlos, seinen Vater um die Stadthalterschaft dieser Pro-
vintzen zu bitten um die Ordnung darinnen wieder herzustellen, und die Rebellen zu bestraffen.
Der König, vermög seiner gewöhnlichen Ver-

F 2   stel-

ſtellung, ſchein anfänglich dieſen Vorſchlag mit
Vergnügen anzunehmen; allein von Natur uns
ruhig und eiferſüchtig, fürchtete er daß der Ruhm
welchen Don Carlos erlangte ihm die Herzen
ſeiner Unterthanen rauben möchte, welche ohne
hin ſchon nur zu viel Neigung gegen ſeinen Sohn
bezeugten. Nachdem er ihn alſo lange Zeit
durch verſtellte Zubereitungen aufgehalten hatte,
endigte er damit daß er ihm die zugeſtandene
Gefälligkeit verſagte. Don Carlos aufgebracht
über dieſe Weigerung noch mehr aber über den
Tod des Marquis von Poſa ſeinem Lieblinge,
welchen der König einer eingebildeten Eiferſucht
aufgeopffert hatte, überließ ſich ſeinem Ver-
druſſe. Zorn und Liebe vereinigten ſich in ſeinem Herzen, er verſprach denen Aufrührern ſie
aus allen ſeinen Kräften gegen die Unterdrückung
zu beſchützen, unter welcher Philipp oder we-
nigſtens ſeine Miniſter ſie ſeit langer Zeit
ſchmachten lieſſen. Sein Vorhaben war ohne
Zweifel nicht, ſich gegen ſeinen Vater und ſeinen König zu empören, ſondern er wolte ſeine
Gegenwart fliehen und weit von ihm einen
Schußort ſuchen, wo er ſein traurig und betrüb-
tes Leben in Freyheit zu bringen könte. Seine

ne Abſicht wurde entdeckt: Der beſtändig miß-
trauiſche König welcher auf alle Handlungen
ſeines Sohns genau acht geben ließ, erfuhr
den Schutz den er den Flamändern zu ſtand,
und ſein Vernehmen mit der Königin gar bald.
Das Betragen dieſer Prinzeſſin hätte ihn gegen
alle, ihre Tugend beleidigende Beſchuldigun-
gen, beruhigen können; allein laſterhafte Charactere begreifen niemahls etwas von der Unſchuld, ihr verderbtes Herz bringt ſie beſtändig
dahin, von ſich ſelbſt auf andre zu urtheilen, und
wo ſie nur ihre Blicke hinwenden, ſehen ſie
überall nichts als Vergehungen.

So bald Philipp von der wechſelſeitigen Neigung des Don Carlos und der Königin, Wiſſenſchaft hatte, bemächtigte ſich die Wuth ſeiner Seele. Die heimliche Flucht welche ſein
Sohn vor hatte diente ſeinem eiferſüchtigen
Zorne zum Vorwande. Er ließ ſeinem Sohne
als einem des Eingrifs in ſeine Rechte und des
Aufruhrs ſchuldigen, den Proceß machen. Die
ungerechten Richter, welchen aufgetragen war
den Haß ihres Fürſten zu unterſtützen, vergaſ-
ſen nichts um den Don Carlos eben ſo ſtrafbar

F 3   ſchei-

scheinen zu laffen, als es sein Vater wünschte.
Jedoch so ungerecht sie auch seyn mochten, so
konten sie es doch niemahlen dahin bringen, den
Erben der Crone des Todes würdig zu machen.
Das Gericht begnügte sich also ihn zum Ge=
fängniß zu verdammen. Da diese Strafe dem
unbiegsamen Philippo zu gelinde schien, so ließ
er heimlich unter die Speisen des Don Carlos
Gift mischen, welcher ihn bald eine tödtliche=
Schwachheit verursachen, und ihm von seinem
Sohne, seinem Nebenbuhler, und seinem Nach=
folger auf einmahl befreyen solte Allein es
muß seyn, daß entweder ein großmüthiges Mit=
leiden, diejenigen welche diesen barbarischen
Auftrag bekommen hatten, seinen Befehl zu
vollziehen verhinderte, oder daß die gute Leibes
Beschaffenheit eines Prinzen welcher in der
Blüte seines Alters war, ihn wieder alle Mit=
tel die man anwendete, seine Tage zu verkur=
zen, bewahrte, weil sie die Würckungen wel=
che der König davon erwartete nicht zeigten.
Indem er also sein verhaßtes Vorhaben ohne
Folge sahe, entschloß sich dieser unmenschliche
Vater, ohne einige Gewissensbisse zu empfin=
den, seinen Sohn auf eine geschwindere und
siche=

sichere Art umzubringen, und ließ ihm die
Wahl der Art seines Todes.

Unterdessen fand die Königin, ohnerachtet
der genauen Verwahrung in welcher man den
Don Carlos hielt, Mittel; ihm sagen zu lassen, wie sie von ihm verlangte den König zu
sehen und alles anzuwenden um ihn zu bewegen. Dieser unglückliche Prinz für welchen
das Leben nur eine unerträgliche Last war, und
der das Ende desselben nicht anders als das Ziel
seiner Beschwerden ansahe, wolte gleichwohl
biß zum letzten Augenblicke, der Elisabeth Beweise von seiner Ehrfurcht und Ergebenheit
geben. Er begehrte also Philippen zu sehen,
und indem einer von der Leibwache ihm die An-
kunft seines Vaters anzeigte, antwortete er.
Sagt mein König und nicht mein Vater. Diese
Worte waren die einzige Klage welche während
der ganzen Zeit seiner eben so langen als schimpflichen Gefangenschaft, aus seinem Munde gienge. So bald Philipp eintrat, warf er sich um
den Willen der Königin zu folgen, zu seinen
Füßen, und bat ihn zu betrachten, daß indem
er seinen Sohn tödten ließ, er sein eigen Blut

F 4   ver-

vergöſſe. Der König ohne bewegt zu werden,
antwortete kaltſinnig, wenn er böß Blut hätte
ſo gäbe er ſeinen Arm den Wundarßte, um es
abzuzapffen. Dieſe barbariſche Antwort, einem Tyrannen ungleich angemeſſener als einem
Vater, erregte in der Seele des Don Carlos
die allerlebhafteſten Vorwürffe über eine Handlung die er als eine Niederträchtigkeit anſahe,
und welche er nie begangen haben würde, ohne
den blinden Gehorſam den er für die Königin
hatte. Er ſtund troßig auf und fragte ob das
Bad in welchen er ſterben ſolte, fertig wäre.
Der König ohne von einem ſo rührenden, und
das allerwildeſte Herz zu erweichen fähigen Auf-
tritte, bewegt zu ſcheinen, fragte ſeinen Sohn
ganß trocken, ob er ihm weiter nichts zu ſagen
hätte. Dieſer Prinß welcher gewünſcht hätte,
die Niederträchtigkeit die er begangen zu haben
glaubte indem er bey ſeinem Vater um Gnade
angehalten, mit denen wenigen Augenblicken
ſo er noch zu leben hatte, wieder zu erkaufen,
gab ihm die allerkühnſte und allerſtolzeſte Antwort, ſo wie ſie die Verzweiflung einem groß-
müthigen Prinßen der nichts mehr zu ſchonen
hat, eingeben kan. Philipp gieng ſo gleich weg
ohne

ohne die geringſte Gemüthsbewegung zu bezeu=
gen. Don Carlos ſetzte ſich ins Bad, wo er
ſich die Adern an Füſſen und Händen öffnen
ließ, ſich folglich gradweiſe entkräftete, und in
wenig Zeit ein Leben verlohr, welches für ihn
nichts als ein Gewebe von Kummer und Ver=
druß geweſen war.

Der Tod eines einzigen Sohnes welchen
Philipp ſeiner Eiferſucht aufgeopfert hatte, be=
friedigte ſeine Rache noch nicht völlig genug.
Von Wuth eingenommen gegen den gerechten
Schmertz welchen die Königin über das trauri=
ge Ende des Don Carlos bezeugte, davon ſie
ſich mit Recht als die einzige Urſache anſahe,
ſahe er an der Eliſabeth nichts als eine Untreue
und der Beſtrafung werthe Gemahlin, und
ohne Abſcheu für dem gedoppelten Verbrechen
das er begienge, (*) opferte er dieſes zweyte
Schlachtopfer, ſeiner Wuth auf. Obgleich
kein einziger Geſchichtsſchreiber dieſe That be=
kräftiget hat, ſo werffen doch die Umſtände des
frühzeitigen Todes dieſer Prinzeſſin, wenig=
ſtens heftigen Verdacht auf Philippen. Auſ=
ſer=

F 5

(*) Die Königin war damahls ſchwanger,

serdem ist der grausame und barbarische Character dieses Printzen, nur zu sehr bekant, und der Beweiß den er so eben davon gegeben hatte, indem er seinen Sohn umbringen ließ, läßt sehr wenig Vorwand zu zweifeln, daß er nicht auch dieses zweyten Lasters schuldig seyn solte. (*) Wunderbare Leidenschaft, die nicht zu frieden einen Nebenbuhler aufzuopfern, dessen Verlust den Urheber davon, bey demjenigen Gegenstande welchem er gefallen will nur noch verhaßter machen muß, ihren Eifer und Unsinn biß dahin treibt derjenigen das Leben zu rauben für welche man das Seinige gegeben hätte; sich für beständig, aus übertriebener Liebe, das Glück zu lieben zu entziehen, sich unendliche Quaal und Reue zu bereiten, durch die schreckliche Vorwürffe des Gewissens das Werckzeug seiner Verzweiflung gewesen zu seyn, sein eigner Hencker zu werden, den Rest seiner Tage hindurch sein Herz durch die Furien zerrissen zu sehen; kurtz, nicht einmahl an den Abgott seines Herzens dencken zu dürffen, ohne sich eines schreck-

(*) Man sehe die Wercke des Abts von St. Real, 3. Thl.

schrecklichen Lasters zu erinnern, davon der bloſſe
Gedancke zur Beſtrafung ſchon hinlänglich iſt.

Wenn die Eiferſucht indem ſie mit ihrem
Gifte das Herz anſtecket, es zum Mitleiden
fühllos macht, und den Geiſt gegen den wahren Vortheil deſſen der geliebt ſeyn will, blind
macht, indem ſie ihm die gröſten Laſter begehen
läßt, um ſich weil er nicht geliebt iſt, zu rächen, ſo bringt auch eine, ſelbſt nicht einmal
vorzüglich verachtete Liebe, faſt ſelten weniger
betrübtere Folgen hervor; der einzige Unterſchied beſtehet nur darinnen, daß bey der Eiferſucht zweyerley Empfindungen auf einmahl
zu befriedigen ſind, ſich an dem Gegenſtande
den man liebt, zu rächen, und den Nebenbuhler, der uns vorgezogen worden, zu beſtrafen,
da im Gegentheile bei der Verweigerung, welche das Glück eines andern nicht zum Beweg-
grunde hat, nur eine iſt; Dieß iſt, was die
Eiferſucht viel grauſamer macht. Auſſerdem
bleibt da, wo kein Nebenbuhler zu befürchten
iſt, immer noch Hofnung übrig. Die erfind-
ſame Eigenliebe, bietet der Einbildung täglich
neue Mittel dar, um zu dem Glücke zu gelangen,

gen, das man wünschet. · Man schmeichelt
sich, daß ein glücklicher Umstand solche wohl
noch gelingen lassen könne, und daß Bemühungen, welche bißher verlohren waren, doch
endlich die verdiente Belohnung erhalten werden. Die Gewalt der Liebe, bewegt, wenn
das Moralische mit dem Physicalischen vereinigt ist, alle andre Leidenschaften, und bringt
alle zusammen auf einem Zweck. Der Ehrgeiß
selbst, der alles zu unterwerffen und alle Empfindungen welche sich seiner Herrschaft widersetzen könten zu regieren, gemacht ist, ist alsdenn nichts als eine hülfreichende Leidenschaft,
deren sich die Liebe bedient, um den Wiederstand so ihr gemacht wird zu überwinden. Auf
diese Art dienen die Leidenschaften, indem sie
sich gemeinschaftliche Hülfe leisten, eine jede
in ihrer Reihe, zur wechselseitigen Nahrung
derjenigen, welche herrscht. Diejenigen, welche nur nach dem äußerlichen urtheilen, betrügen sich daran oft. Der allerheftigst eingenom-
menste Mensch kan in ihren Gedancken für einen Ehrgeigigen angesehen werden, und indem
das physicalische der vornehmste und sogar der
alleinige Gegenstand aller seiner Handlungen
ist,

ist, scheinen alle Würckungen lediglich nur dem
Moralischen anzugehören.   Unbeschreibliches
Ding! Der Sphinx konte nie ein unauflößli-
cher Rathsel aufgeben, als dein Wesen! Unglückliches Spielwerck der Leidenschaften, welche eine um die andre dich unterwerffen! Die
Begierden einer sinlichen Empfindung von kurzen Augenblicken, darüber du erröthest so bald
sie befriediget ist, und welche in deinem Hertzen vielleicht nichts als Haß ja sogar Verachtung
gegen den Gegenstand der sie erregt hat, hin-
terläßt, unterwirft alle Kräfte deiner Seele!
Selbst die Erfahrung deiner vergangenen Fehler, und die Gewissensbisse welche ihnen ge-
folgt haben, können dich nicht von dem Ran-
de einer neuen Gefahr zurück halten, darein
die Liebe deine unstäte Seele ziehet! Mord,
Verrätherey, Ungerechtigkeit, Treulosigkeit,
nichts hält dich auf; deine Sinne befehlen, und
eben so wie die feigen Gefährten des Ulisses,
welche die Trunckenheit der Vergnügungen
verdorben hatte, setzest du den edelsten Theil
deines Wesens der Verachtung aus, um ein

nie-

niederträchtiges Werckzeug deiner schändlichen
Schwachheit daraus zu machen. (*)

Wenn die verachtete Liebe bey denen Män-
nern Zorn erregt, so ist es bey den Weibern
Wuth. Ihre Eigenliebe, die viel leichter zu
verletzen ist, nicht allein weil sie mit mehrerm
Hange zur Eitelkeit gebohren werden, sondern
auch aus Gewohnheit verehrt zu werden, und
ihren Begierden immer zuvorkommen zu sehen,
reitzt sie solchergestalt an, daß sie, um sich zu
rächen, zuweilen allen Wohlstand und alle
Schamhaftigkeit übersteigen. Sie geben alsdenn diejenige Sanftmuth und scheinbare Mäs-
sigung auf, welche man mit Unrecht für das
absonderliche Theil dieses reitzenden Geschlechts
hält; denn überhaupt sind ihre Leidenschaften
viel heftiger und viel ausgelassener als der Männer ihre. Die Erziehung der Frauenzimmer
welche in nichts bestehet als sie von denen verschiedenen Mitteln zu unterrichten, die sie anwenden können, um ihren Reitzungen alle die
Macht

(*) Herr von Hallers Gedichte. Vom Ursprung
des Uebels pag 140.141. Göttingische Ausgabe.

Macht zu geben, deren sie fähig sind, gewöhnt sie bey guter Zeit, sich mit nichts als mit ihrer Schönheit zu beschäftigen. Diese betrachten sie mit recht als den ersten von allen ihren Vortheilen, und als den einzigen welcher im Stande ist sie in der Welt eine Rolle spielen zu lassen, darauf sie sehr begierig sind, und welches ihnen doch die Gesetze, durch die Ausschliessung von allen Ehrendmtern und Bedienungen, entziehen. Der Müßiggang darein sie durch diese Hintenansetzung nothwendig verfallen, trägt noch mehr bey, alle Kräfte ihres Verstandes, der bey ihnen natürlich sehr lebhaft ist, auf dieses einzige, ihrer Eitelkeit gelassene Hülfsmittel, zu verwenden. Die Reizungen und die Annehmlichkeiten der Figur, sind also ihre alleinige Herrschaft. Alles was diese ausbreiten kan, gehört unter ihr Gericht, und füllt das leere ihrer Tage an. Wenn man in diesem Punct ihren Hochmuth erniedriget, indem man ihre Gewalt zu verachten oder ihr zu entgehen scheinet, so ist es die größte Beleidigung, welche eine Mannsperson einem Frauenzimmer anthun kan, daher vergiebt sie solche auch niemahlen.

Louise

Louise von Savoyen, Herzogin von Angou-
leme, Franz des ersten Mutter und Regentin
des Königreichs, bezeugte dieses dem unglücklichen Connetable von Bourbon, nur allzusehr.
Diese Prinzeßin welche nicht mehr jung war,
in welcher aber doch das Alter, das Feuer der
Liebe noch nicht ausgelöscht hatte, wurde von
denen Annehmlichkeiten und dem Verdienste
dies durch seine Tapferkeit und seine Gaben berühmten Mannes, eingenommen. Sie glaubte,
das Anerbieten ihrer Hand würde seinem Ehrgeiße schmeicheln; doch es mag seyn daß entweder
das Herz des Connetabels nicht mehr frey war,
oder der betrügerische, rachgierige und heftige
Character der Regentin, bey ihm Abneigung
gegen sie verursachete, daß er solche ausschlug.
Die von Verdruß äußerst aufgebrachte Herzogin, sich von einem Manne verachtet zu sehen,
der ohnerachtet seiner Geburt, seiner Würde,
und seinem großen Ruhme, sich gleichwohl durch
ihre Verbindung vorzüglich beehrt zu seyn schä-
ßen solte, schwuhr sich deshalb zu rächen, und
ihn bis ins Grab zu verfolgen. Die erste Handlung ihrer Rache bestand darinnen, daß sie
ihm einen Proceß über das große Vermögen,
wel-

welches er von seinem Schwiegervater gehabt
hatte, anhieng, indem sie darauf Ansprüche zu
haben verlangte. Der Canzler Duprat, ein
der Regentin gänzlich ergebener Mann, der
ausserdem auch auf den Connetable nicht wohl
zu sprechen war, munterte die Herzogin noch
mehr gegen ihn auf, und reitzte sie diese Sa=
che mit dem grösten Eifer zu betreiben. Um
die Rache recht vollkommen zu machen, und sie
so zu sagen vor der Zeit zu vollenden, erhielt
sie, daß die Güter des Connetable biß zur gänz=
lichen Entscheidung des Proceßes, in Verwah=
rung und Verwaltung genommen werden
solten.

Die Hofnung den Connetable zu nöthigen
sie zu heyrathen, wenn sie ihm sein ganzes
Vermögen entzöge, trug sehr viel zu dieser un=
erhörten Verfolgung bey. Sie schmeichelte
sich daß die Liebe zum Reichthum, die Furcht
sich davon ganz entblößt zu sehen, und jeden
Tag Wiederwärtigkeiten aller Arten zu empfin=
den, die Wiederspänstigkeit des Connetabels
vielleicht überwinden würde. Eine besondere
Art sich Liebe zu verschaffen! Wie kan der mensch=

II. Theil.   G   liche

liche Verſtand ſich doch biß dahin verblenden
laſſen, ſich zu bereden, daß die Furcht dasjenige erhalten könne, was die Liebe verſagt, und
daß man indem man ſich furchtbar macht, dahin
gelangen könne, zu gefallen? Daher brachte
auch dieſe Furcht eine, dem was die Regentin
davon erwartete, gantz entgegen geſetzte Würckung hervor: Denn ſie that nichts als daß ſie
den Widerwillen des Connetables gegen ſie nur
vermehrte. Die Herzogin hielt ſich nicht allein
an den Weg des Rechts, um den Connetabel
zu unterdrücken. Sie erregte ihm tauſend Ver-
drießlichkeiten, aller Arten: Sie wendete das
Gemüth des Königs von ihm ab, und beweg-
te ihn, den Connetable aller ſeiner Würden
und ſeines Gehalts zu berauben. Dieſer der
ſich ohne alle Hülfe ſahe, indem alles Vertrauen
und alle Gewalt, in ſeiner allergrauſamſten
Feindin vereiniget waren, wurde von der Verzweiflung worein ihn ſeine traurige Verfaſſung
ſtürzte, übernommen, und hatte die Schwachheit, die Vorſchläge des Kayſers welcher damahlen mit Franckreich Krieg führte, anzunehmen. Die traurigen Folgen dieſer Empörung
ſind nur zu gut bekant. Der Connetable welcher

cher nichts mehr zu schonen hatte, und dessen
Verderben unvermeidlich war, wenn er das
Unglück hätte mit den Waffen in der Hand gefangen zu werden, überließ sich gänzlich dem
Unwillen den er empfand. Alle seine Talente
die er zum Kriege hatte, und die ihm in seinem
Vaterlande so beliebt gemacht hatten, wurden
gegen dasselbe angewendet: Sie erhielten so gar
einen neuen Grad von Uebergewicht, durch das
Verlangen sich zu rächen. Diese Begierde,
verbunden mit dem Wunsche seiner Erhaltung,
belebte seine Herzhaftigkeit noch mehr, und ließ
ihm Wunder der Tapferkeit verrichten. Der
alzu große Heldenmuth Königs Franz des ersten,
setzte Franckreich damahlen beynahe seinem gänzlichen Untergange aus. Das Reich war ohne
Regenten, ohne Geld, ohne Credit, und hatte
in der unglücklichen Schlacht bey Pavia das
ausserlesenste seines Adels verlohren; doch ohne
die rasende Liebe einer stolzen und rachgierigen
Prinzeßin, würde alles dieses Unglück welches
davon eine traurige Folge war, Völcker nicht
unterdrückt haben, die lange Zeit das unglückliche Schlachtopffer einer verachteten und dadurch erbitterten Leidenschaften waren.

G 2 Wenn

Wenn das Feuer der Liebe in denen
Weibsperſonen zuweilen die Jugend und
Schönheit überlebt, ſo müſſen ſie öfterer genug
als die Männer, die Erniedrigung erfahren,
zu lieben ohne geliebt zu werden, denn ihr vor-
züglichſtes Verdienſt, das ſie in den Augen der
Männer haben, beſtehet in ihren Reizungen.
Auſſerdem, obgleich die Sinne die Grundlage
dieſer Leidenſchaft ſind, weil ſie auf das Moraliſche würcken, ſo erweitert dieſes leztere, indem es ſich mit dem Phyſicaliſchen vereinigt,
ſeine Macht, und macht es ſo gar öfters von
Gegenſtänden abhangend, an welchen die Wolluſt keinen Theil zu haben ſcheint. Man weiß
daß die Weiber gemeiniglich keinen andern
Werth haben, als durch diejenigen, von welchen ſie geliebt werden, oder von welchen ſie
den Nahmen führen; die Männer hingegen
nicht ehender in großes Anſehen oder zu hohen
Ehrenſtellen kommen, als in einem Alter, wo
die Reizungen und Annehmlichkeiten der Jugend verlohren ſind, und daher ſieht man Weiber, welche dem Ehrgeize und der Eitelkeit
ergeben ſind, ſich öfters vorzüglich zu einem
ſolchen halten, der im Stande iſt ſie eine Rolle

in

in der Welt spielen zu laßen, als an einen, der
nichts als ihren Sinnen schmeichlen kan. Bey
den Mannspersonen verhält es sich nicht eben
so. Da die Weiber nicht anders als durch
besondere Zufälle, welche sich noch dazu selten
zutragen, sich einigen Vortheil von Seiten des
Glücks oder der Erhebung verschaffen können,
so suchen sie gemeiniglich in der Liebe weiter
nichts, als das Vergnügen der Liebe selbst.
Das Physicalische bleibt alsdenn der einzige
Beweggrund, und da behält die jüngste und
artigste allemahl den Vortheil. Es ist also etwas sehr besonderes, wenn ein Mann an einer
Person Geschmack findet, deren Annehmlichkeiten mit dem Alter verloschen sind, weil nichts
als Reiz und Schönheit auf seine Einbildung
würcken, und dem Physicalischen eine Herrschaft
geben können, welche bey den Weibspersonen
zuweilen seinen Ursprung im Moralischen hat.

Ob gleich die Liebe eine jugendliche Leidenschaft ist, besonders bey denen Mannspersonen,
weil die Sinne die Grundlage davon sind, das
Alter aber solche stillt, so sieht man doch auch
zuweilen Alte, deren Begierden der Natur

G 3 Vor-

Vorwürfe zu machen ſcheinen, daß ſie ihnen
Vergnügungen verſagt, welche die Wolluſt
zurückfordert. Es ſcheint ſogar, daß das Unvermögen ſie zu befriedigen, zu nichts dient,
als dieſe nehmlichen Begierden, deren Erfül-
lung auch ſogleich ihr Grab iſt, nur noch mehr
zu reitzen, allein das Phyſicaliſche hat alsdenn
nur eine unächte Herrſchaft, die bloß von dem
Moraliſchen herkomt; dies ſind die verführeri-
ſchen Gemählde, welche das Andencken uns
wieder vorzeichnet, davon das Bedaüren ſolche
nicht mehr genießen zu können, unſere Einbildung erhitzt, und (wenn es erlaubt iſt ſich ſo
auszudrücken) der Seele Sinne giebt. Dies
iſt alsdenn gar nicht Liebe, es iſt nur ihre Abbildung, welche der Irrthum und die Unordnungen des Verſtandes würcklich machen, um
uns zu quälen. Ein enthaltſamer Menſch, der
durch ein ſtrenges und eingezogenes Leben bey
Zeiten von dem Umgange mit Frauenzimmern
abgekommen, würde für ſolchen ſchändlichen
Schwachheiten verwahrt ſeyn, und die Begierden würden das Bedürfen der Natur in ihm
nicht überleben. Nach zurückgelegter ruhiger,
und von den Abweichungen und Unglücksfällen,

wel-

welche die Leidenschaften nach sich ziehen befreye-
ter Jugend, mit Ausübung seiner Pflichten beschäftiget, würde die glückselige Gewohnheit,
die er dadurch angenommen, ihm bey reifen
Alter kein einzig Hinderniß zu überwinden übrig
lassen, und er würde des Glücks so mit der
Tugend verknüpft ist, ungestört genießen. Die
sanfte Freude, welche diese über die Seele verbreitet, ist eben so verschieden als vorzüglich,
gegen die Trunckenheit der sinnlichen Vergnügungen. Er würde die Vortheile der Einsamkeit schmecken, und in derselben die Betrachtung seiner selbst genießen können, ohne die
Falten seines Herzens zu verbergen nöthig zu
haben. Diese verbirgt man um nichts anders
mit so viel Sorgfalt, als in den Augen anderer
nicht nöthig zu haben, sich über Schwachheiten
zu schämen, daraus man sich zur Zeit seiner Ausschweifungen, mit einer ungezähmten Freyheit
Ehre gemacht hat. Er würde dem Unvermögen und den Schmertzen welche eine zuspäte
Reue unerträglich machen, nicht ausgesetzt, das
Alter ohne Schrecken heran nahen sehen. Er
würde der Jugend Vorzüge nicht streitig machen, deren ihm das Alter beraubt, und deren

G 4   Ver-

Verfolgung eben ſo lächerlich als unglücklich
macht. Er würde die Ehrerbietung ſeiner
Mitbürger und ſeine eigene Achtung verdienen;
ein immer neues Gefühl deſſen Blume nie ver-
welckt, welches man täglich mit neuer Freude
genießt, und welches biß auf die letzte Morgenröthe, ſelbſt über das gantz hinfällige Alter,
einen Reiz und eine Wolluſt verbreitet, die ſelbſt
der Anblick des wiedrigen Grabes nicht ſtören
kan. Ohne Vorwürffe und ohne Bedauren
über das Vergangenen ohne Unruhe wegen dem
Gegenwärtigen, und ohne Bekümmerniß für
das Zukünftige, und das ihm von dem Schöpfer aufgelegte Tagewerck mit Redlichkeit erfüllt,
erwartet der tugendhafte Menſch den Tod ohne
Furcht, als das Ende ſeiner Arbeit und den
Anfang ſeiner Glückſeeligkeit.

Wenn ein reifes Alter, ohne die Sinne noch
völlig erkaltet zu haben, nur allein die Hitze
derſelben getilget und die Vernunft genug Herrſchaft erlangt hat, der Gewalt der Sinne das
Gleichgewicht zu halten, ſo müßte der dem bloſ-
ſen Naturtriebe (welcher ihn ſo zu ſagen wider
ſeinen Willen mit fortzoge) entriſſene Menſch,

durch

durch einen Führer geleitet, welchen ihm das
höchste Wesen als etwas wesentliches gegeben
hat, um ihn von dem Thiere zu unterscheiden,
die Vorzüglichkeit seines neuen Begleiters durch
seine Aufführung erweisen. Aber indem er den
Herrn verwechselt, wechselt er nichts als den
Tyrannen. Das Physicalische welches ihn be-
herrschte, hatte zum wenigsten nur eine begränzte Gewalt. Er war dem Eckel und der Sättigung unterworffen und diese glückliche Er-
schöpfung der Begierden, ließ für die Tugend
zwischen Zeiten, wo sie ihre Stimme hören
lassen konte. Wenn er sie anhörte schämte er
sich seiner vergangenen Schwachheiten, und diese
heilsame Schaam konte ihn vor den Fallstricken
welche die Wollust der Jugend leget, bewahren.
Aber mit denen moralischen Leidenschaften verhält es sich nicht so. So bald das Physicalische
einschläft, so erwacht der Ehrgeiz vor immer.
Der ganze Zug der ihn begleitet versamlet sich
um ihn herum. Die Eitelkeit, die Eigenliebe,
der Neid, die Eifersucht, der Zorn, der Haß,
die Rache, alle diese Unterhändler, vereinigen
sich um seine Herrschaft auszubreiten, und ihm
alle die Hindernisse überwinden zu helffen, die

G 5

sich

sich seiner unumschränckten Gewalt widersetzen könten. Der gute Fortgang den ein ehrgeitziger hat, dient nur seine Leidenschaft zu verstärcken. Er bedauert einen jeden Augenblick von Vergnügen der ihn zeither hat zerstreuen können, und befürchtet auch nur einen zuverliehren, der nicht angewendet wird seine Entwürffe zu unterstützen. Listige Händel und Cabalen werden seine einzige Beschäftigung. Da sein Gemüth beständig mit seiner künftigen Erhebung angefüllet ist, sieht er auf nichts als das Zukünftige; das Gegenwärtige ist für ihn nichts als ein Weg ihn zu dem Ruhme den er erwartet zu führen. Er genießt nichts.(*) Selbst die Ehrenbezeugungen, welche er zu erhalten das Glück hat, sind für ihn nichts als Stuffen, die, indem sie seine Begierden reitzen, ihn verhindern dasjenige zu schmecken, was weni-

ge

(*) Wir sind niemahlen bey uns, beständig sind wir jenseits, die Furcht, das Verlangen, die Hofnung, machen daß wir uns gegen das Zukünftige loßstürtzen, und benehmen uns das Gefühl und die Betrachtung dessen was würcklich ist, um uns mit dem was kommen soll aufzuhalten, so gar wenn wir nicht mehr seyn werden. Montagne.

ge Tage vorher der Gegenstand seiner Wün
sche war. Von Furcht oder Hofnung beständ
dig herumgetrieben, hat er keinen Augenblick
Ruhe. Die Liebe zum Vergnügen hatte, in
dem sie seine Seele gefesselt hatte, ihn bis hie
her zum Sclaven seiner Sinne gemacht; die
Liebe zur Hoheit macht ihn zum Gefangenen
des Ehrgeißes. Vorher genoß er wenigstens
zuweilen, nun wird er niemahlen mehr genies
sen. Selbst das allerbitterste Bedauren, wel
ches der Verlust seiner unglücklichen und be
kümmerten Tage seinem Herßen auspressen
wird, wird darinnen bestehen, seine ehrgeizi
gen Entwürfe, welche sein gantzes Daseyn aus
machten, vereitelt zu sehen.

Welch ein wahrer Spiegel der Schmertzen
Ist doch der Mensch, seine gantze Lebenszeit
hindurch,
So bald er Athem zu hohlen anfängt, weint
er, schreit er,
Und scheint seine Unglücksfälle voraus zu
sehen.
In der Kindheit nichts als Thränen,
Pedanten die Traurigkeit verursachen,

Bücher

Bücher von allen Farben,
Und Strafen aller Arten.
Die feurige und hitzige Jugend,
Setzt ihn in noch schlimmern Zustand.
Olübiger, eine Liebhaberin,
Quälen ihn wie einen Ruderknecht.
Bey reifem Alter andrer Streit,
Da wird er vom Ehrgeitze angeregt;
Reichthümer, Würden, Ansehen,
Häußliche Sorgen, alles treibt ihn herum.
Alt, verachtet man ihn und flieht ihn,
Verdrießliches Wesen, Kraftlosigkeit,
Husten, Stein, Podagra, und Schleim,
Belagern seine Hinfälligkeit. (*)

Man wird mir ohne Zweifel einwerfen, daß
nicht alle Menschen, zu dem was man Ehrgeitz
im eigentlichen Verstande nennt, nehmlich der
unersättlichen Begierde zu regieren, fähig sind;
ich räume dieses ein. Es ist so gar etwas rares,
daß diese Leidenschaft bey Personen heftig wä=
re, welche die Mittelmäßigkeit ihres Verstan=
des und ihrer Talente unfähig macht, die weit=
läuftigen Entwürfe, welche sie gebiehrt zu er=
füllen;

(*) Joh. Baptist. Rousseau.

füllen; allein es giebt sehr wenige, die nicht
gegen die Ueberlegenheit in allen, selbst den
allerunnützesten Dingen, empfindlich wären,
daß sie solche nicht begehren solten, und sich
nicht erniedrigt fänden, wenn ein andrer uns
gleich geschickter, bey der nehmlichen Sache
bessern Fortgang gehabt hat. Der Ehrgeiz
ist also den Menschen angebohren so wie die
Liebe. Der Schöpfer hat um des Wiederher-
vorbringens aller Wesen willen, und zum Glücke des menschlichen Geschlechts, diese zwey
Leidenschaften in die Menschen gelegt. Die
eine giebt uns das Daseyn, und die andre verschaft uns alle die Vortheile die wir geniessen,
durch den Wetteifer welchen sie uns einflößt.
Nichts als der Mißbrauch den wir von diesen
zwey großen Triebfedern machen ist es, der sie
gefährlich macht, und es ist rar diesen Mißbrauch unter Leuten mittelmässiger Art zu finden.
Glückliche Mittelmässigkeit! Du allein bist es
die das Wohl des menschlichen Geschlechts machen kan; du allein schützest für den Abweichungen und dem Ungestümme der Leidenschaften!
Ohne dich ist alles Gleichgewicht aufgehoben;
was wir von Seiten der Talente und des Ge-

nies

nies gewinnen, das verliehren wir mit Wucher
auf Seiten der Tugend. Der Menſch iſt ſeinem Weſen nach zu ſchwach einen Flug zu nehmen, der ihn zu den Wolcken erhebt; kaum
hat er etwan die mittlere Gegend erreicht, ſo
fehlen ihm die Kräfte. Er ringt vergebens
gegen ſein eigen Gewicht; er fällt bald wieder
zurück, und ſein Fall iſt um ſo viel ſchreckli-
cher und berühmter, da man von ſelben einen
viel erhabenern, und der Huldigung der Sterblichen die er zu übertreffen vermeinte, würdigen Ausgang erwartete.

Von

Von dem Ehrgeitze.

Ich will in meinem an Siegen so fruchtbaren
Laufe,

Keine andre Grentzen, meine Freunde, als
die Grentzen der Welt;

Und in dem edlen Eifer davon ich mich ent=
brant fühle,

Wünschte ich, daß die Götter sie noch er=
weitern könten. (*)

Das Bild des Ehrgeitzes entwerffen, heißt
die Geschichte der Laster der Welt verfer=
tigen. Diese in allen Jahrhunderten mit so
vielem vorzüglichen Ruhme belegte Leidenschaft,
als die edelste von allen, und die einzige wel=
che der Helden werth sey, die zu tausendmah=
len die Gestalt der gantzen Welt verändert hat,
welcher die grösten Ehrenbezeugungen zugestan=
den worden, für welche die Altäre von dem
Weyrauche, selbst derjenigen welche von ihr
unterdrückt werden, rauchen, für welche die
Musen

(*) Calisthenes, ein Trauerspiel des Hrn. Piron;
3. Aufzug, 5. Auftritt, Alexander.

Musen durch die aller erhabensten Gesänge die
Himmel haben erklingen lassen, durch welche
Phidias und Praxiteles ihre Nahmen verewi-
get, indem sie der allerspätesten Nachkommen-
schaft, die Züge ihrer theuersten Lieblinge hin-
terlassen haben; welche die Seele über das
Menschliche erhebt, welche, (so zu reden) die
Welt zum zweiten Mahle aus ihrem nichts gezogen hat, welche die Völckerschaften eingerich-
tet, und aus wilden Thieren gesittete Leute gemacht hat: Diese Leidenschaft, zu seyn, die
Gottheit der Erde, der Gegenstand der Verehrung des einfältigen Pöbels, solte diese hier
eine Huldigung erlangen welche die Billigkeit
verdammet und die Natur verwirft? Nein gewiß nicht; und weit entfernt mich unter das
Joch welches ihre Tyrannen aufleget zu demüthi-
gen, werde ich es wagen meine schwache Stimme zu erheben, und den Abgott der Sterblichen
unter die Füsse zu treten. Könte ich sie doch
mit ihrem eigenem Gewicht niederdrücken, und
sie vor immer in denen Banden schmachten lassen, welche sie für alles was lebet, bereitet
hat! Die allergeheiligsten Rechte verletzen, seines gleichen dienstbar machen, Wesen welche
die

die Natur frey erschaffen hat in die allernieder-
trächtigste Knechtschaft versetzen, Schrecken
und Abscheu über seinen Weg ausbreiten, unter dem Gefolge der Wuth und der Verzweiflung, die Welt mit Blut erfüllen, sind die geringsten Missethaten, welche diese unersättliche
Leidenschaft begleiten. So ist indessen die ungezähmte Hitze beschaffen, welche sie denen, die
von ihr besessen sind, einflösset. Ihr so berühmten Helden, die ihr durch nichts als eure
Laster bekant seyd, welche die Grausamkeit allein in Ruf gebracht hat, welche der All-
mächtige in seinem Zorne erschaffen, die ihr in
seiner Hand nichts als die Geissel der Rache
seyd, der er sich bedient seine strafbaren Ge-
schöpfe zu züchtigen; Blutdürstige Tyger, niederträchtige Sclaven der allerschändlichsten
Leidenschaft, deren Nahmen man nicht ohne
Schauer aussprechen solte; berühmte Mörder,
beruffene Räuber, für welche es keine Strafe
hat, die mit der Abscheulichkeit eurer Laster
zu vergleichen wäre, kehrt in den Staub zurück, in welchen eure Grausamkeit unsern Welt-
körper zurückzuwerfen getrachtet hat: Daß
doch das Nichts eurer Größe der einzige Ge-

II. Theil. H dancke

dancke seyn möge, der uns von euren blutigen
Siegen übrig bleibe; daß doch der Fluß Lethe
in seinem Wasser alle Züge eurer grausamen
Verrichtungen auf ewig begrabe und aus dem
Gedächtniß der Menschen alles, so gar bis auf
den Nahmen eines Eroberers, vertilge.

Die von der Natur unterrichteten ersten
Menschen, kennten keine andre Herren als
ihre Väter, und keine andre Herrschaft, als
der Tugend ihre; liebenswürdige Regierung,
die, indem sie das Recht beständig zum Richter des Joches, welches sie auflegt, macht,
nie ein anderes als sehr leicht zu befolgendes
Gesetz giebt, davon man sich nicht entfernt,
ohne unglücklich zu werden. Allein da die tugendhaften Menschen rar, die Begierden zu
herrschen aber, allen gemein waren, so wusten
die Stärcke oder die Geschicklichkeit bald einen
Rang einzurichten, und das Schicksal des
menschlichen Geschlechts zu bestimmen. Von
der Zeit an verlohr die Natur ihre Rechte,
und die Tugend ihre Herrschaft: Der Stärck-
ste schrieb dem Schwächsten Gesetze vor, und
der Ehrgeitz bemächtigte sich des ganzen Erd-
bodens

bodens. Ohne diese in ihrem Ursprunge ungerechte und in ihren Folgen grausame Leidenschaft, würden alle Bewohner der Erde, zufrieden mit denen Wohlthaten welche die Natur, durch die Arbeit unterstüzt, ihnen ver-
schaffte, solche ohne Unruhe genossen, und sich
um ihren Ueberfluß nicht wechselseitig beneidet
haben. Ein jeder würde das Feld, bey welches der Zufall oder die Wahl ihn zu wohnen
gebracht hätte, gebauet haben; die Güte des
Erdreichs, die Kräfte oder der Fleiß des Ar-
beiters, hätten ihm keinen andern Vortheil gebracht, als seinen weniger glücklichern oder weniger geschicktern Nachbarn, nüzlich zu seyn.
Das von der Natur, zwischen Wesen die gemacht sind sich beyzustehen, eingeflößte Gefühl,
würde durch die Erkentlichkeit und die denen
Talenten schuldige Hochachtung, befestiget, unter denen Menschen eine algemeine Eintracht
aufgerichtet haben. Das Rauben und die Ungerechtigkeiten würden unbekant gewesen seyn,
indem jeder einzele sicher gewesen wäre an dem
Nothwendigen nie Mangel zu leiden, und ohne
unsre Leidenschaften, würden unsre Begierden
nicht viel weiter gegangen seyn; Allein diese

Leiden-

Leidenschaften und vorzüglich der Ehrgeitz, haben sie, selbst über das Mögliche hinaus, ausgebreitet. Die Stärcke des Leibes, und die Dreistigkeit des Geistes musten nothwendig das vornehmste Verdienst der ersten Bezwinger seyn. Man wagt selten etwas, was man nicht auszuführen glaubt. Schwache Menschen sind furchtsam; die Gewißheit, überwunden zu werden, wenn sie gegen einen mächtigern Feind streiten, macht, daß sie in die Schlinge fallen, welche sie vermeiden wollen; Man unterwirft sie ohne große Mühe, und die Furcht für der Sclaverey, beschleunigt solches. Durch den guten Fortgang dreister geworden, machten diese ersten Eroberer bald weitläuftigere Entwürfe: Das Schrecken, welches sie einflößten, hielt diejenigen die sie unterwürfig gemacht hatten unter ihrer Gewalt, sie bedienten sich der nehmlichen Vasallen um andre zu unterwerfen, und die Hoffnung zur Beute vollendete das, was die Betrachtung der Gefahr im Falle eines Aufruhrs, angefangen hatte. Die einem jeden Wesen, dem man etwas das er besitzt, mit Gewalt nehmen will, natürliche Vertheidigung, war wahrscheinlicher Weise

der

der erste Ursprung des Kriegs unter den Menschen, welche die Natur als Brüder erschaffen
hatte, die aber der Ehrgeiz zu Mitbuhlern
und folglich zu Feinden machte. Die Furcht
zu verliehren von der einen Seite, und die Begierde zu erobern von der andern, verbreiteten
die Unruhen unter den Menschen, und über-
schwemten die Welt mit Mordthaten und Blut-
bädern: Da der gefaßte Vorsatz größer zu
werden, alles Gleichgewichte aufgehoben hatte,
konte man seine Besitzungen anders nicht vermehren, als indem man einen andern Besitzer
entweder durch Gewalt oder durch die Hofnung eines andern Vortheils, der ihn gleichwohl unter den Befehlen des Ueberwinders erhielt, sein Erbtheil abzutreten nöthigte. Von
ihrer Macht eingenommen forderten diese ersten
Herrn der Welt, selbst von denen, welche sie
überwunden hatten, Ehrenbezeugungen und
Unterthänigkeit, und verlangten, daß man ihren Lastern Weyrauch brachte; diejenigen, welche die edle Herzhaftigkeit hatten sich ihnen zu
widersetzen, wurden umgebracht oder mit Fesseln belegt: Dieses betrübte Beyspiel verbreitete ein Schrecken über alle ihre Nachbarn,

H 3 welche

welche aus Furcht für einer gleichen Behandlung, die Waffen niederlegten, selbst ehe sie
noch den Streit gewagt hatten. Gewaltthä-
tigkeiten aller Arten wurden von den Ueberwin-
dern begangen; das Kind in der Wiege und
das abgelebte Alter wurden nicht verschont; die
Schamhaftigkeit selbst wurde gemißhandelt;
alles wurde zum Raube des ungezogenen Sol-
daten und des gottlosen Bezwingers, welcher
mit seinen blutigen Vortheilen nicht zufrieden,
die Kühnheit hatte sich der Gottheit zu vergleichen, indem er seinen schimpflichen Siegen Eh-
renzeichen, und seinen Lastern Altäre aufrichten
ließ. Dies waren die blutigen Würckungen
der allergrausamsten und der Menschlichkeit ganz
zuwider seyenden Leidenschaft.

Der erste welcher König wurde, war ein
glücklicher Soldat. (*) Wir solten vielmehr
sagen daß er die Geissel andrer seines Gleichen
war, der unglücklichste von allen Sterblichen;
ein unruhiger Mensch, unzufrieden mit sich
selbst, der weil ein innerlicher Krieg sein Ein-
geweibe

(*) Merope, ein Trauerspiel des Hrn. von Voltaire. 1. Aufzug 3. Auftritt. Poliphonte.

geweide zerschnitt, sein Uebel zu lindern und
den Durst von welchen er angegriffen war zu
stillen glaubte, wenn er die Unruhe und den
Zwiespalt davon sein Herz der traurige Schauplatz war, zu seinen Nachbarn überbrachte.
Niemahls war ein Weiser ein Eroberer, denn
ein Weiser ist allezeit glücklich und findet in sich
selbst alle die Vortheile, welche er in der Verfolgung der Hoheit und selbst der Herrschaft der
gantzen Welt, vergeblich suchen würde. Zufrieden über seine Leidenschaften herrschen zu
können, ist die gantze Welt für ihn nichts als
ein Schauspiel, welches ihn beständig an den
Urheber desselben durch die Pracht seiner Wercke erinnert, und ihn durch die Erkäntlichkeit
antreibt, denselben für seine Wohlthaten zu dancken. Sein Reich ist in seinem Hertzen, und
die Freundschaft allein macht seine Glückseelig-
keit aus. Bey dem Eroberer im Gegentheile,
der gegen das Vergnügen Glückliche zu machen,
unempfindlich ist, kan auch diejenige sanfte
Munterkeit gar nicht eindringen, welche die
Ruhe über eine Seele verbreitet, die gegen die
Reizungen der Tugend empfindlich, sich aus
ihren Pflichten ein Glück macht, und für wel-

H 4 che

che die allergeringsten Beschäftigungen wichtig
sind, weil sie beständig einen nützlichen Gegenstand haben.   Dieser innerliche Friede ist es,
welcher den Glantz eines heitern Tages mit
Wolluft geniessen läßt, und wenn die Nacht
ihr dunckeles Gewand ausgebreitet hat, so ver-
setzt das Blaue eines schönen Himmels, geziert
durch die versilberte Kugel, welche durch ihren
angenehmen Schein so viel Reiz und so viel
Wolluft über alles was sie erleuchtet verbreitet,
die Seele in ein sanftes Nachdencken, und bereitet einen ruhigen Schlaf.   Das Crystal eines reinen Wassers von einen grünen Gebüsche
beschattet, dessen belaubte Bäume ihre Aeste
in ein ander flechten, verbreiten die Kühlung
und den Schatten selbst in der Mitte der heissen
Hundstage; der Schmelz der Wiesen mit welchem die Natur unsere Felder verschönert; die
Reizungen des Frühlings, welche die Vögel
durch ihre Liebe und ihren lieblichen Gesang
feyern. (*)   Das Glück der Freundschaft selbst,
ein unerschöpflicher Schatz des Weisen, alle
diese Reichthümer sind für ein wildes Hertz
welches

(*) Siehe Daphnis, ein Gedicht von Hrn. Ges-
ner. pag. 68 bis 71. Zürcher Ausgabe.

welches sich an nichts als an Thränen vergnü-
get, und am Niedermetzeln weidet, verlohren.
Unglückliche Wesen, die Schlangen welche ihr
in euren Busen traget, dringen indem sie eure
Eingeweide zerreissen, biß an euer Herz, stecken
es mit ihrem Gifte an, und besudeln damit alle
eure Begierden. Durch eure Missethaten abgehärtet ist eure Seele gegen die Reue und das
Erbarmen verschlossen; neidisch über den Frieden anderer Sterblichen, welchen die Furien
so euch umgeben euch zu schmecken nicht zu lassen, wolt ihr sie euer Unglück zu theilen nöthigen, und an ihnen die Märtern würcklich machen, davon euer Herz ein gerechter Raub ist.
Die Liebe verlöscht durch den Genuß, oder aus
Mangel der Nahrung: Mit dem Ehrgeitze verhält es sich nicht eben so. Der gute Fortgang,
das Alter die Zeit selbst, dieser allgemeine Ver-
derber, dienen zu nichts als solchen zu vermehren, und der Tod allein ist das Ziel welches ein
Ehrgeitziger seinen Entwürffen setzt. (*) Wenn

H 5 wir

(*) Die Sättigung ist das Grab der Liebe; allein
mit dem Ehrgeitze verhält es sich nicht eben so,
der Fortgang darinnen macht daß es immer
mehr

wir den Character, der sich zu den Leidenschaf=
ten welche uns in dem Laufe unseres Lebens un=
terwürfig machen sollen, schickt, mit auf die
Welt bringen, so nehmen die Leidenschaften
ihrer Seits die Farbe des nehmlichen Charac=
ters an, welchem sie ihre Geburt zu verdancken
haben. Die natürliche hitzige und wilde Art
des Attila, machte ihn blutgierig, und sein
Ehrgeiß bestund mehr im Verwüsten als im
Unterwerffen. Nichts war ihm zu heilig, und
selbst die Bande der Blutsfreundschaft, konten
seinen sträflichen Entwürffen keine Schrancken
setzen. Sein Bruder besaß den Thron der
Hunnen: Das sicherste Mittel solchen an sich
zu bringen, war, den Besitzer desselben umzu=
bringen. Die Abscheulichkeit eines Bruder=
mords

mehr wächst, weil man nie länger als nur ei=
nen Augenblick genießt: Derjenige der vorher
gehet und der so ihm folgt, sind beständig vol=
ler Wünsche; und diese Wünsche sind um so
viel lebhafter da man glaubt sie nähern sich
einem Ziele, daß sich doch mit jedem Augen=
blicke des Genusses immer weiter entfernt. Mo=
ralische Gedancken und Betrachtungen über
verschiedene Dinge, p. 49 über die Leidenschaf=
ten.

mords konte seine Blutdürstige Seele nicht erschüttern, und der Todschlag des Bleda, machte ihn bald zum Herrn von der Crone.   So
bald er sich des Scepters bemächtiget hatte,
glaubte er seine Boßheit nicht besser geniessen
zu können, als wenn er in alle umliegende Ge-
genden, Verwüstung und Verderben brächte.
Es waren keine Feinde wieder welche er sich
vertheidigen wolte: Er hatte keinen grausamern
als sich selbst. Es waren noch weniger Beleidigungen so er zu rächen hatte; es war so gar
nicht einmahl die Begierde noch Eroberungen,
was seine ruchlosen Hände waffnete.   Ein
Strasseuräuber, wie Attila war der Liebe zum
Ruhme, unfähig.   Der Durst nach Blute
war es welcher ihn alles unternehmen ließ um
diese barbarische Leidenschaft zu sättigen. Der
Orient, Teutschland, und selbst Gallien waren
der blutige Schauplatz seiner Thaten, und ohne
den tapfern Meroveus und seine Bundsgenos-
sen würde gantz Franckreich das nehmliche unglückliche Schicksaal erlitten haben, als Metz,
Trier und andre Städte welche er plünderte und
verheerte.   Das Niedermetzeln von mehr als
zweymahlhundert tausend Menschen welche er
iu

in der berühmten Schlacht verlohr, die er de=
nen Franzosen in den Ebenen von Chalons lie=
ferte, konte in dieser wilden Seele keinen einzi=
gen Gewissensbiß erregen noch seine unbezwing=
liche Hitze aufhalten, und wenn der Tod selbst,
ihn nicht mitten in seiner Raserey zuvor gekom=
men wäre, würde er alle Schrecken eines so
gräusamen als ungerechten Kriegs, nach Asien
übergeführt haben. Was sage ich, ein Krieg?
Dergleichen Räubereyen sind nicht werth diesen
Nahmen zu tragen. Ein Heer Räuber und
Mörder, durch einen ergrimmten Löwen ange=
führt, verdient nichts als Galgen und Räder;
und ihr gottloses Haupt, zu noch grössern
Züchtigungen aufbehalten, die Verachtung und
den Abscheu des menschlichen Geschlechts.

Der harte und unmenschliche Character des
Attila, ließ wenig Staatsklugheit in seinen
Entwürfen, und keinen Plan in seinem Betra=
gen zu. Er plünderte alles was ihm auf sei=
nem Wege aufstieß, und hatte wahrscheinlicher
Weise keinen andern Vorsatz, als alles was sei=
ner Wuth sich widersetzte, zu vertilgen. Mit
dem Mahomet verhält es sich nicht eben so;
dieser

dieser berühmte Eroberer, welcher nicht zufrie=
den war sein Vaterland zu unterwerfen, wolte
sich auch noch einen neuen Gottesdienst und
neue Gesetze zueignen, und in seiner Person
den Ueberwinder, den Gesetzgeber und den
Propheten vereinigen: Ein Vorhaben, das
noch kein Mensch zu unternehmen gewagt, viel=
leicht sich kaum einfallen lassen, und wovon die
Ausführung allein, die Möglichkeit beweisen
konte.   Daher war auch ein so groß Genie als
des Mahomet seines nöthig, um auf einmahl
so vielerley Gegenstände, die gar keine Gleich=
heit mit einander hatten, zu fassen und es dahin
zu bringen, selbe mit einer fast unglaublichen
Geschwindigkeit zu vereinigen.   In der That
sahe er sich nach Verlauf von zehen Jahren
Meister von einem unermeßlichen Lande, und
seine unumschränckte Herrschaft wurde um so
ungebundener, da die Gesetze und die Religion
die er eingeführt hatte, um die Wette beitrugen
seine Macht zu befestigen.

Da er in sehr geringen Umständen gebohren
war, welche Hindernisse hatte er nicht zu über=
steigen, um auf den Gipfel der Hoheit zu ge=
lan=

langen? Es iſt ſo gar zu vermuthen, daß ſeine
ehrgeißigen Entwürfe urſprünglich kein Reich
zum Zwecke hatten.   Man ſteigt niemahlen ſo
hoch, als wenn man nicht weiß, wohin man
gehet. Die tiefe Unwiſſenheit ſeines Jahrhun-
dertes, und die Ungeſchicklichkeit der Völcker,
die er zu überwinden unternahm, trugen ohne
Zweifel viel zu ſeinem guten Fortgange bey.
Allein ohne die allererhabenſten Talente, die
allerfeinſte Staatsklugheit, die allerunerſchro-
ckenſte Herßhaftigkeit und die alleranhaltendſte
Beſtändigkeit, würde er niemahls zu dieſer
Stuffe von Macht gekommen ſeyn, dahin kein
einziger anderer Eroberer als er, gelanget iſt.
Alexander war König von Macedonien, als er
ſeine Eroberungen anfieng. Ceſar war Dicta-
tor, und ſchon durch verſchiedene kriegeriſche
Thaten berühmt, als er vergeblich verſuchte ſein
Vaterland unterwürfig zu machen; doch einer
wie der andere hatte keinen andern Vorſaß
als ihre Herrſchaft zu erweitern, und die Zahl
ihrer Vaſallen zu vermehren, ohne etwas in
ihren Sitten oder ihrem Gottesbienſte zu verändern. Mahomet im Gegentheile hatte nichts
was ihn empfehlen konte, und war von der
Natur,

Natur, weder von Seiten der Geburt noch von
Seiten des Glücks, mit nichts begünstiget worden. Alle seine Ansprüche fanden sich in dem
Umfange seines Genies und in seiner Verwegenheit. Der unglückliche Gebrauch, welchen
er von dem einen sowohl als von dem andern
machte, beweißt nur zu sehr, wie weit die Gewalt eines Menschen gehen kan, der von einer
hitzigen Leidenschaft geleitet, und mit einen unerschrockenen und unbeweglichen Geiste begabt
ist, und der alle Hülfsmittel der Klugheit, durch
den Enthusiasmum und die Schwärmerey, zu
rechter Zeit spielen zu lassen, verstehet: Wenn
man nun die Gewalt der Waffen noch hinzu
fügt, welchen Fortgang kan man da nicht bey
verzagten und leichtgläubigen Völckern gewinnen, die man durch das Schrecken unterwirft,
durch die Furcht im Zaume hält, und durch
Vergnügungen berückt, deren Unbeständigkeit
man durch die Hofnung künftiger Glückseelig-
keiten beständig macht, davon die so sie geniessen, indem sie nur das Vorbild davon sind zu
nichts dienen, als zu machen daß sie einen ewigen Besitz davon wünschen, so gar mit Gefahr
ihres eigenen Lebens. Diese verschiedenen

Mit-

Mittel, welche wechſelsweiſe mit eben ſo viel
Geſchicklichkeit als Vorſicht gebraucht wurden,
waren die ſiegenden Unterhändler einer Macht
ohne Grenzen, welche den Mahomet für allen andern Eroberern ſo vorzüglich gemacht hat.

Mahomet der Sohn eines Helden und einer
Jüdin, alle beyde aus dem gemeinen Pöbel,
hatte von ſeinen Eltern keine einzige Art von
Erziehung zu erwarten, da ſie durch die Armuth abgehalten wurden, einer ſo wichtigen
Pflicht vorzuſtehen. Seine Kindheit wurde
alſo dem Zufalle überlaſſen, und er konte lediglich nur diejenige Stärcke des Leibes erlangen, welche die Handarbeit und Mäßigkeit
(Früchte der Armuth) vermehren und unterhalten. Die täglichen Nothwendigkeiten, für
welche man ſorgen muß um ſein Leben zu erhalten, laſſen den Armen gemeiniglich wenig
Zeit zum Nachdencken, und folglich auch wenig
Nahrung für die Leidenſchaften übrig; aber bey
muntern Genien dient alles dazu, weil der
Grund dazu in ihnen liegt. Ein glücklicher
Zufall hatte den Mahomet zu einem reichen
Arabiſchen Kaufmanne gebracht, und nach dieſes

ses Mannes Tode, heyrathete er seine Wittwe.
Er ward durch diese Heyrath Besitzer von den
unermeßlichen Gütern, welche sein Herr hin-
terlassen hatte. Dieses unerwartete Glück
machte, daß in seinem Hertzen der Saame des
Ehrgeitzes, mit welchem er gebohren war, auf-
keimte. Er entwarf so gleich den Vorsatz sich
zu erhöhen, und indem sich der Eroberungs-
geist seiner bemächtiget hatte, dachte er auf
nichts mehr als auf Mittel ihn zu befriedigen.
Sie schienen ihm alle gleich gut, so bald sie
ihm nur helfen konten zu seinem Endzweck zu
gelangen. Diebstahl, Verrätherey, Treulosigkeit, Mord, Kirchen- und Straßenraube-
rey aller Arten, erregten in ihm gar keinen
Gewissensbiß. Er betrachtete dies nicht anders als ein begieriger Eroberer; er trat Ge-
rechtigkeit und Menschenliebe mit Füssen. Er
sahe die eine wie die andre als das Antheil der
schwachen und furchtsamen Seelen an, die indem sie zu keinem großen und erhabenen Unternehmen fähig sind, nur darum Mitleiden empfinden, weil sie selbst wohl fühlen, wie sehr
sie Hülfe nöthig haben. Er stellte sich an die
Spitze einiger Räuber, mit deren Hülfe er Ara-

II. Theil.   J   bien

bien verheerte: Da sich sein Haufen durch die
Hofnung zur Beute vermehrt hatte, nahm seine Herrschaft von Tage zu Tage zu, und da
sein guter Fortgang ein grofes Schrecken verbreitet hatte, wurde er bald Herr von einem
unermeßlichen Lande. Doch die Gewalt der
Waffen würde nicht zureichend gewesen seyn,
Völcker unter seiner Herrschaft zu erhalten,
welche er durch nichts als Schrecken unterwor-
fen hatte: Um sein Reich zu befestigen, merck-
te er wohl, daß er der Tyrannischen Gewalt,
welche er bißher ausgeübt hatte, auch noch Betrug beyfügen, und sich ein Religionssystem er-
richten müßte, welches ihm den blinden Gehorsam der Völcker, die er überwunden hatte,
vor immer versichern könte.

Die wenigen Begriffe, welche er von seinen
Eltern erhalten hatte, konten ihm nur geringe
Vorwürfe über die gottlose Rolle, welche er
zu spielen sich vorsetzte, zurücklassen; aber wenn
er auch besser unterrichtet gewesen wäre, so
opfert man doch, wenn der Ehrgeiz auf den
höchsten Gipfel gestiegen ist, dieser ungezähmten Leidenschaft alles auf, und mißbraucht öfters

ters die allerheiligſten Dinge, wenn man glaubt,
ſich ihrer mit Nuhen bedienen zu können. Um
zu ſeinem Zwecke zu gelangen, vereinigte er
ſich mit einem keheriſchen Jacobiten, einem andern Neſtorianiſchen Mönche und einem Ju-
den, und mit Hülfe ihrer Wiſſenſchaften ver-
fertigte er ſeinen Alcoran; ein unbegreifliches
Werck, voll der allerabgeſchmackteſten und allererhabenſten Gedancken, ohne Ordnung und
ohne Einrichtung : Jedoch dieſe Unordnung
ſelbſt machte einen Theil ſeines Plans aus:
Er ſchmeichelte ſich, daß es die Göttlichkeit ſeiner Sendung deſto mehr beweiſen würde. Der
Prophetiſche Enthuſiaſmus, die Dunckelheit
ſeiner Schriften, ihre ſchlechte Verbindung,
das Wunderbare, welches in dieſem nicht an-
einander hangenden Zuſammentrage, erfunden
um den Pöbel durch das Erſtaunende zu unterwerfen, verbreitet iſt, alles trug bey, das Blend-
werck glaubhaft zu machen, und erwarb dieſem
Betrüger in wenig Zeit den Titel und die
Macht eines Propheten, der von dem Aller-
höchſten geſandt worden, um die Menſchen die
wahre Art GOtt zu dienen zu lehren, und ihnen Geſehe zu geben. Die Mitgehülfen ſei-

ner

ner Betrügerey hätten sie bekant machen, alle
seine Hofnungen zu Grunde richten, und dieses
ungestalte Gebäude auf einmahl über den Haufen werfen können. Er opfette sie aber bald
seinem gottlosen Ehrgeitze auf, und um keinen
einzigen Zeugen seiner angesponnenen höllischen
Händel übrig zu lassen, ließ er die, welche er
zu Vertrauten seiner Entwürfe gemacht hatte,
grausamer Weise umbringen. So bald er alsdenn von aller Unruhe befreyet war, setzte er
seinen Ausschweifungen aller Arten, keine Gräu-
tzen mehr. Seine Macht nahm von Tage zu Tage
zu; er gebrauchte die Gewalt der Waffen, die
Beredsamkeit und die Verführung, um seine
Herrschaft zu erweitern. Er trieb die Betrügerey so weit, daß er vorgab, ein Engel sagte
ihm die Aussprüche des Allerhöchsten unter der
Gestalt einer vertraulichen Taube, welche beständig auf seiner Schulter saß. Die fallende
Sucht, mit welcher er behaftet war, trug noch
bey seine anmaßliche Sendung glaubhafter zu
machen. Er überredete ein leichtgläubiges und
ungeschliffenes Volck, welches ausserdem von
Erstaunen und Bewunderung über die vermeinten Wunderwercke, die er vor ihren ver-

blendeten

blendeten Augen würckte, gerührt war, leichtlich, der Anblick des Engels Gabriel machte,
daß er in diese Entzückungen verfiele, welche
doch nur von seiner Kranckheit herkamen. Diese sinnreiche Betrügerey war sogar das, was
ihm die meisten Jünger erwarb. Er trieb sie
bis aufs höchste. Seine Aufführung verläug-
nete sich keinen Augenblick. Indem er sein
Ende herannahen sahe, gab er noch das letzte
Capitel des Alcorans aufzuschreiben an, gleich
als wenn es ihm von Gott eingegeben wäre,
und sagte sterbend, wie er nun in die Arme des
ewigen Gottes zur Ruhe gienge.

Da die Lehrsätze der von Mahomet einge-
führten Religion ihm eine unumschränckte Gewalt über alle Völcker, die er überwunden
hatte, gaben, so würden die letztern geglaubt
haben die gröste Gottlosigkeit zu begehen, wenn
sie nicht für ihren Oberherrn einen blinden Gehorsam bezeuget hätten. Die tiefe Unwissen-
heit, in welcher er sie erhielt, und daraus er
sogar ein Gesetz machte, trug vieles bey, diese
gänzliche Verläugnung noch leichter zu machen.
Daher komt diese heroische und schiedsrichter-

J 3　　　　liche

liche Gewalt, welche den Mahomet und seine
Nachfolger zu Herren von dem Vermögen,
dem Leben und der Ehre ihrer Unterthanen (oder
vielmehr ihrer Sclaven) ohne ein ander Gesetz
als den Willen des Oberherrn, gemacht hat.
Die Vielweiberey die er schon eingeführet fand,
und welcher er sich geschickt bediente, da er sie
in die Moral seiner Religion als ein Gebot
einrückte, vollendete endlich, Menschen welche
er in einer schimpflichen Knechtschaft erhalten
wolte, zu entkräften und geringschätzig zu machen.   Den sinnlichen Vergnügungen gänzlich
überlassen, und in einen weichlichen und tum-
men Müßiggang versenckt, kennten sie kein ander Glück als die Wolluft.   Der Tod selbst
war in ihren Augen nicht mehr schrecklich, in
Betracht der Hofnung des Besitzes jener him-
lischen Schönheiten, deren ewiger Genuß sie
immerwährend berauschen solte, wenn sie den
Vorschriften ihres Gesetzgebers getreu blieben.
Diese glückselige Erwartung, und die Gewißheit der Gnadenwahl, welche einen Theil ihres Glaubens ausmachte, gab ihnen eine ganz
vorzügliche Herzhaftigkeit für andern Völckern,
und machte sie beynahe unbezwinglich.   Auf
diese

diese Art kam alles zusammen der Betrügerey
behülflich zu seyn, und Mahomet versäumte
kein einziges von denen Mitteln, welche seine
Lehre zu beglaubigen und seine Macht unumschränckt zu machen, geschickt waren.

Laßt uns ein wenig aufhalten, und wenn es
möglich ist, die ausserordentlichen Würckungen
einer Leidenschaft davon das menschliche Geschlecht ein trauriges Schlachtopfer ist, mit kaltem Blute betrachten.   Nicht zu frieden die
Erde mit Lastern zu beflecken,   und die gantze
Welt mit Blut anzufüllen,   verderbt sie auch
die Hertzen und vertilgt die Tugend.   Durch
sie werden die Menschen geringschätzig,   und
kriechen knechtisch unter der Herrschaft eines
ungerechten Eroberers, welcher indem er alle
Rechte der Natur verletzet,   denen Unglücklichen welche er unterworffen hat keine andre
Wahl läßt als den Tod oder die Knechtschaft....
Den Tod! Der Tod ist nichts.   Wir werden
ja zu nichts anders gebohren als uns ihm zu
unterwerffen,   und der nehmliche Augenblick
welcher uns das Leben gab,   ist nichts als der
Vorlaufer dessen der es uns wieder rauben soll.

J 4   Uns

Uns das Leben nehmen, ist also nichts, als die Vollstreckung des Urtheils das gegen alles was Leben hat schon ausgesprochen ist, auf einige Augenblicke beschleunigen; Es entzieht uns zuweilen so gar den Beleidigungen der Niederträchtigen, der Verläumdung, der Verrätherey, der Unbeständigkeit dessen was uns schätzbar ist, dem Bedauren des Verlustes von dem was wir lieben, denen Schmertzen und der Kraftlosigkeit welche das Alter begleiten, dem Unglück in einem schwachen Körper der nur noch gleich einer Pflanze lebt, Sinne herum zu tragen, die durch die Kälte der Hinfälligkeit unbrauchbar geworden, und deren schwache Füncken zu nichts dienen als ihre ehemahlige Stärcke zu bedauren, der Schaam endlich sich selbst zu überleben, welches ein noch weit grösseres als alle vorbemeldete Uebel ist: Aber mir meine Freyheit nehmen, mich des einzigen würcklichen Gutes das ich von der Natur empfangen habe berauben; mich, um mein Leben zu erhalten oder es weniger schmerzlich zu machen, nöthigen auf die Tugend, den einzigen beneidenswürdigen Vorzug, Verzicht zu thun, ist eine unerlaubte Tyranney, welche alle andre übersteigt.

steigt.   Der Ehrgeiß ist mehr als jede andre
Leidenschaft, anstecken, indem er bey nahe
unumgänglich wird, wenn unglückliche Umstän=
de uns von einem ungerechten Eroberer abhän=
gig gemacht haben.   Da die Sclaverey und
Knechtschaft wider die Natur sind, so muß ein
jedes vernünftiges Wesen, das sich darinnen
befindet, wünschen daraus zu kommen, und alle
seine Kräfte anstrengen, um sich wieder in die
von dem Schöpfer eingerichtete Ordnung zu
versetzen.   Die Tugend allein und die Aus=
übung seiner Pflichten sind nicht hinreichend ihm
aus diesen Stande der Erniedrigung zu ziehen.
Wenn ihm also die Gewalt mangelt das Joch
das man ihm auflegt ohne Gefahr abzuschütteln,
so bleibt ihm nichts übrig als schimpfliche Mit=
tel anzuwenden, um die Gunst des ungerechten
Eroberers der ihn bezwungen hat zu gewinnen.
Er ist gezwungen sich alle Laster anzugewöhnen
wenn er einem verächtlichen Wesen gefallen will,
dessen gantzes Verdienst in seiner Gewalt be=
stehet, und welcher über andre Menschen keine
Herrschaft erlangt hat, als weil er der laster=
hafteste ist.   Er muß seinen Leidenschaften
schmeicheln, ihm die Wege zum Laster bereiten,

J 5   seine

feine Schwachheiten verehren, ehrgeitzig und
Tyrannisch wie sein Herr, kurz ein niederträchtiger Schmeichler und folglich der schlechteste
von allen Menschen werden.   Gantze Provin-
tzen verheeren und unschuldige Schlachtopffer
unter dem Schwerd umkommen lassen, sind also die geringsten Laster eines Eroberers.   Das
was ihm am aller verhaßtesten machen kan, ist
wenn er die Menschen um die Würde ihres
Wesens bringt, ihre Seelen geringschätzig macht,
sie knechtisch demüthiget, und das Reich des Lasters auf die Trümmern der Herrschaft der Tugend errichtet.

Unterdessen setzen die grossen Laster solches
zum voraus; denn es trift sich selten daß die
vornehmen Bößwichte nicht mit Herzhaftigkeit
und Unerschrockenheit in der Gefahr, und mit
Beständigkeit und anhaltenden Muthe begabt
sind; jedoch dienen diese Tugenden, die wenn
sie ihr Beweggrund veredelt, an sich selbst so
schätzbar sind, zu nichts als denjenigen welcher
sie durch den strafbaren Gebrauch so er davon
macht, verdächtlich macht, nur noch strafbarer
zu machen.   Mahomet besaß sie ohne Zweifel
 in

in einem sehr hohen Grade, denn ohne solche
würde er nicht eine so grosse Gewalt erreicht
haben, ob er gleich nichts zu bestreiten und zu
überreden hatte als Landstreicher und Leute die
eben so grob als unwissend waren. Aber welche Vorzüge aller Arten braucht es nicht, wenn
man eine gesittete stolze und kriegerische Nation
unterwerffen und regieren will, welche ihre
Herren zittern macht, und deren Regierungs-
form das Gleichgewicht zwischen der Gewalt
des Regenten und der Unterthanen, solchergestalt errichtet hat, daß es denen Unterthanen
die Freyheit läßt sich zu wider setzen, wenn sie
glauben das Gesetz so man ihnen auflegen will,
sey ihren würcklichen Vortheilen zu wider? Ein
Volck daß auf seine Vorrechte eifersüchtig, die
Unabhängigkeit so gar biß auf ihren Schatten
verehret, und knirschend den Zaum beißt, welchen man ihrer hoffärtigen Freyheit vergeblich
anlegen wollen. Dies ist inzwischen das was
Cromwell zu unternehmen wagte, dieser be-
rüchtigte ungerechte Eroberer, das Erstaunen
aller künftigen Jahrhunderte, und die Schande
eines eben so wilden als unbezwinglichen Volcks,
welches von einer eingebildeten Freyheit trun-

cken

cken und im Grunde doch Sclaven der allerver=
haßtesten Leidenschaften, die Faßeln annahm
die es selbst geschmiedet hatte, und sich unter
der Tyranney seines vermeinten Befreyers
demüthigte, der das Werckzeug des grösten von
allen Lastern aus ihm machte.

Olivier Cromwell, eines Kaufmans Sohn
aus London ward mit allen den Gaben gebohr=
ren, welche geschickt sind so wohl die grösten
Männer als auch die allergrösten Böswichter
hervor zu bringen, nachdem sie Tugend oder
Laster zur Hauptbewegung haben. Er studierte
zu Cambridge mit dem allergrösten Fortgange.
Er befleißigte sich besonders der Kentniß der
Geschichte und der Staatskunst, eine mit
seiner ehrgeitzigen Neigung mehr als alle andere
überstimmende Wissenschaft, und setzte die
Rechtsgelehrsamkeit die er als untauglich ansahe,
benseite. Im Grunde war sie auch einem
Manne unnütz, welcher alle Gesetze verletzen,
und keines erkennen solte, als das welches ihm
der allerverhaßteste und allerungezähmteste Ehr=
geitz vorschrieb. Ohne Zweifel glaubte er die
Mittel diesen zu befriedigen, in Ergreifung
des

des Soldatenſtandes zu finden; denn er hatte
in ſeinem gantzen Leben nichts anders als dieſes
zum Zweck, und in ſeine Seele kam niemahls
das geringſte Gefühl von Ehre; vermuthlich
aber konte er das Joch welches dieſer Stand
aufleget nicht ertragen, denn er verließ ſolchen
bald; im Grunde konte auch ein ſo ſtolzer und
herriſcher Geiſt als der ſeinige, keine Art von
Zucht ohne Ungeduld ertragen; alſo wieder frey,
ergrif er den geiſtlichen Stand, in Hofnung
ſich auf dieſer Bahn empor zu bringen. Er
erlangte in dieſem Stande Wiſſenſchaft von der
Theologie und von den Streitigkeiten in der
Religion, welche in der Folge ſehr viel zu der
Gunſt die er denen Presbiterianern erzeigte,
und ſo gar zur Einführung dieſer Secte in En-
geland, beitrugen; doch da er ſahe daß er auf
dieſen Wege nicht ſo geſchwinde als es ſeine
Ungeduld wünſchte, zum Zwecke gelangen konte,
ſo trieb ihn ſein unruhiger und ungeſtümmer
Geiſt an, eine Parthie zu verlaſſen welche die
Vorſtellungen von ſeinem Glücke ihm einzig
und allein hatte ergreifen laſſen, und bewog ihn
zum zweitenmahle Kriegsdienſte zu nehmen. Er
diente in Irrland unter dem Grafen von Straf-
fort.

fort. Nach seiner Zurückkunft wurde er zum
Mitgliede der Cammer der Gemeinen ernennet
und er schlug sich zu ihrer Parthie gegen König
Carln den ersten. Dieser unglückliche Prinz
war damahlen mit seinen Unterthanen in Krieg
verwickelt. Cromwell ergrif diese Gelegenheit
mit Vergnügen, um sich gegen seinen König
zu empören: Es schmeichelte seiner Eitelkeit
und seinem Ehrgeize, seinen Herrn in Furcht
zu setzen. Er rüstete sich wieder ihn, warf sich
in die Stadt Urst welche der König belagerte,
und schlug sich um hinein zu kommen, durch das
gantze königliche Heer ohne mehr als zwölf Reu-
ter bey sich zu haben. Er that bey diesem Vorfalle Wunder der Tapferkeit, errettete die Stadt
und nöthigte den König die Belagerung aufzuheben. Welchen Eifer erregen die Leidenschaften nicht, wenn sie durch die Hofnung einer
durch das Laster zugestandenen und verdienten
Belohnung, belebet werden, und die man sich anzunehmen nicht schämt, wenn man die Herrschaft der Tugend abgeschüttelt hat?

Die Verrichtungen und die Herzhaftigkeit
des Cromwells brachten ihm nach der Befreyung
von

von Urſt, die Stelle eines Oberſten zuwege.
Dieſer neue Rang, blähete ſeinen Hochmuth
auf, indem er ihm die ſchmeichelhafteſte Hofnung gab. Durch ſeine guten Fortgänge an-
getrieben, verrichtete er die allergröſten Thaten
ohne die Gefahr welcher er ſich ohne die geringſte Vorſicht ausſetzte, zu ſcheuen; denn
ſein Leben war, während dieſes grauſamen
Kriegs welchen der unglückliche Carl gegen ſeine eigene Nation zu unterhalten hatte, und davon er endlich ein trauriges Schlachtopfer ward,
mehr als einmahl in Gefahr. Wie er nach
Oxfort und Cambridge geſchickt wurde, um dieſe beyden Städte zu unterwerffen, verübte er
daſelbſt die allergröſte Tyranney, ohne Rück-
ſicht auf die Erkäntlichkeit die er der Univerſität
Cambridge ſchuldig war, woſelbſt er Doctor
war, und wo man mit ſo vielen Fleiſſe die erhabenen Talente gebildet hatte, welche er von
der Natur erhalten und davon er einen ſo ſtraf-
baren Gebrauch machte.

Allein was für Herrſchaft kan die Erkentlichkeit über ein Hertz haben, welches durch den
Gift des Ehrgeitzes verdorben iſt! Seine Grau-
ſam-

samkeit und sein Undanck wurden durch die Aufrührer, die er selbst bald unterwürfig machen
solte, noch belohnt. Man machte ihn zum Ge-
nerallieutenant. In diesem neuen Posten erwarb er sich die allergröste Ehre eines vorsich-
tigen und unerschrockenen Mannes. Je höher
er stieg, jemehr Herrschaft erlangte seine Leidenschaft über ihn, und trieb ihn an, alles zu
wagen, um zu seinem Zwecke zu gelangen.
Ob er gleich in einem Gefecht, worinnen die
Armee des Parlements in Unordnung gebracht
ward, gefährlich war verwundet worden, wolte er sich doch nicht verbinden lassen; die Zeit
war seinem heftigen Ehrgeize zu edel, um davon nur den kleinsten Theil, selbst zu Erhaltung seines Lebens, aufzuopfern: Er floße auf
den General zu, munterte seine niedergeschla-
gene Herzhaftigkeit wieder auf, brachte die
Fliehenden wieder zusammen, machte ihnen
wieder Herh, brachte das Zutrauen wieder in
die Gemüther und lieferte des andern Tages
eine zweite Schlacht, in welcher das Heer des
Königs völlig zu Grunde gerichtet wurde. Von
diesem glücklichen Fortgange eingenommen,
sehte er seinem Vorhaben weiter keine Grenzen.

ßen. Er unternahm, dieſen Monarchen, welcher nach der Zerſtreuung ſeiner Truppen nach
Naſſeby geflüchtet hatte, zu entführen: Jedoch
errettete die Treue eines Mannes von dem Gefolge dieſes unglücklichen Printzens, ihn aus der
Falle, welche ihm ſein grauſamer Feind gelegt
hatte Dieſer zündete das Schloß ſelbſt an,
die Verwirrung und Unordnung welche von
ſolchen Zufällen unzertrennlich ſind, gaben dem
Könige Gelegenheit, dem Barbaren, der ihn
verfolgte, entwiſchen zu können. Cromwell
gantz entbrannt von Eifer, daß ſein Vorhaben
nicht gelingen wollen, hieb den Ueberreſt von
der Armee, der dem Blutbade der Aufrührer
entgangen war, vollends nieder, und der unglückliche Carl war genöthiget, um ſich zu ret-
ten, ſich den Händen der Schotten anzuver-
trauen. Ach! dies hieß ſich ſeinen grauſam-
ſten Feinden überliefern; denn als im folgenden
Jahre Cromwell die Verwegenheit hatte ſelbſt
ins Parlement zu gehen und zu begehren, daß
man den König der Oberherrſchaft entſetzte,
hatte dieſes treuloſe Volck die Niederträchtigkeit, ihn den Engelländern für zwey Millionen
Sterlings zu überliefern. Alsdenn ſahe ſich

II. Theil.   K   Crom-

Cromwell, der durch die Abdanckung des Fairfar die Würde des oberſten Befehlshabers des
Heeres erlangt hatte, auf dem Gipfel der Ehre,
und Meiſter von den Kriegsvölckern und von
ſeinem Könige, folglich im Stande ſeinen Mitbürgern Geſetze vorzuſchreiben.　Doch dieſer
geſchickte Staatsmann ſpürte wohl, daß es
noch nicht Zeit wäre die Standarte der oberherrlichen Gewalt auszuſtecken, und daß er
ſich, um ſich einer dauerhaften Gewalt über ein
eben ſo ſtolzes als unbeſtändiges Volck zu ver
ſichern, nicht übereilen müſſe von ſeinen Boßheiten die Früchte zu genießen, ſondern gün
ſtigere Umſtände abwarten, um dieſe unruhigen Gemüther zu lencken, und eine deſto unumſchräncktere Herrſchaft über ſie zu erhalten.
Welche Größe in ſeinen Abſichten! Welche Ge
ſchicklichkeit und welche Vorſicht um ſie zu erreichen! Welche Unerſchrockenheit in der Gefahr!
Ach! Warum müſſen doch die großen Männer
ſich ſchämen, die Gaben der Helden und das
Eigenthum der Tugend, mit einem Verräther
zu theilen?

Das Parlament wolte nach ſo ſchimpflich erlangten Vortheilen, das Heer welches ihm unnütz

nüz wurde, verabschieden, und der treulose
Cromwell schien eben dieser Gesinnung zu seyn,
da er unterdessen heimlich durch seine Räncke,
Aufruhr unter den Truppen, und in London
Zwiespalt anrichtete, um sich desto nothwendi=
ger zu machen. In der That wurde das Par=
lement, welches die Nothwendigkeit spürte eine
Armee zu haben, um den zusammengerotteten
Pöbel im Zaume zu halten, gezwungen solche
beyzubehalten, und sogar die Wahl der Sol=
daten den Cromwell zum Oberbefehlshaber zu
haben, zu billigen. Hamilton, der seinem
Könige getreu war, wolte versuchen, den Kö=
nig aus der Gefangenschaft, in welcher ihn
seine Unterthanen durch die nichtswürdigen
Streiche des Cromwells hielten, zu befreyen,
und wafnete sich zu seiner Vertheidigung an
der Spitze des Ueberrestes der Nation, welche
die Seuche des Lasters noch nicht verderbt hatte.
Allein die Undanckbarkeit der Engelländer ge=
gen ihr rechtmäßiges Oberhaupt verdiente keine
Erbarmung, und GOtt strafte sie in seinem
Zorne, indem er sie durch die gänzliche Nie=
derlage des Hamiltons, der Gewalt ihres Ty=
rannen überließ. Cromwell lief in diesem Ge=

K 2   fechte

fechte die allergröste Gefahr: Denn die Königlichen, welche besonders an seine Person
wolten, strengten alle ihre Kräfte an, um ihn
todt oder lebendig zu bekommen. Allein das
Schicksal Engellands war, ein Raub des Lasters zu werden, zur Strafe ihrer begangenen
Boßheiten; Cromwell kam siegreich nach Londen zurück, und um ihn für seine grausamen
Dienste zu belohnen, trug man ihm auf, die
Schriften welche dem unglücklichen Carl waren weggenommen worden, zu untersuchen.
Er hatte zu vielen Vortheil bey dem Untergange dieses Prinzen, als daß er nicht hätte suchen sollen ihn strafbar scheinen zu lassen. Er
gab seinem Briefwechsel und seinen Entwürfen
die allerverhaßtesten Auslegungen, und machte
den Schluß, daß er sich unwürdig gemacht
hätte die Crone zu tragen. Da diese schreckliche Endscheidung verschiedene Glieder des
Parlements, bey welchen ohnezweifel noch ein
Fünckgen Tugend übrig war, aufbrachte, und
Cromwell erfuhr, daß sie Wege zu einem Vergleiche mit dem Könige suchten, erschrack er
über diese Nachricht, und ließ nachdem er sich
aller Art von Vertrag mit diesem Monarchen
aufs

aufs ſtärckſte widerſetzt hatte, aus Furcht, ſein
Raub möchte ihm entgehen, Carln von Wight
wegnehmen, wohin er entflohen war, nachdem er ſich aus Hembby, wo er von Cromwelln
eingeſperret war, gerettet hatte. Der Verräther hatte dieſe Entweichung heimlich begün-
ſtiget, um einen Vorwand zu haben, in der
Folge bekant zu machen, wie Carl aus keiner
andern Urſache die Flucht nähme, als den Untergang des Staats zu befördern, wenn er ſolchen in einen neuen Krieg ſtürzte, der noch
grauſamer ſeyn würde als alle vorige, welche
man hätte unterhalten müſſen. Er ließ ihn aus
einem Schloße ins andre führen, aus einem
derſelben dieſer unglückliche Prinz beynahe noch
entkommen wäre; allein ſein Unglücksſtern ließ
es nicht zu. Endlich ward er nach Windſor
gebracht. Als er daſelbſt war, bezeugte Cromwell gar keine Zurückhaltung mehr, und wie
er ſahe, daß das Parlement nicht anders als
mit Widerwillen ſich hergeben wolte, ſeinem
Oberhaupte den Proceß zu machen, trachtete
er ſolches aus eigener Gewalt aufzuheben;
doch da ihn ſein Schwiegerſohn daran verhinderte, ließ er die Armee wieder nach Londen

kom-

kommen, und den König auch dahin bringen.
Seiner Gewalt alsdenn gewiß ließ er diejenigen, welche er seinen strafbaren Entwürfen entgegen zu seyn schäzte, in das Gefängnis setzen.
Die Furcht machte, daß die andern die Flucht
nahmen, und es blieb um das stolze Engländi-
sche Parlement vorzustellen, nichts übrig, als
niederträchtige und strafbare Sclaven des Willens eines Verbrechers. Es fehlte Cromwelln
nicht mehr als noch ein Laster, dies war der
einzige Schlagbaum, welcher sich zwischen ihm
und dem Throne noch fand. Er öfnete ihn ohne Gewissensvorwürfe, und diesem ehrgeitzigen Bösewichte gelang es endlich seinen Herrn
zu verurtheilen, den Kopf zu verliehren und
durch die Hände des Henckers zu sterben.

Dieses blutige Bild, vor welchem die Menschlichkeit zittert, ist das allerrührendste Gemählde
der abscheulichen Ausschweifungen, zu welchen
der Ehrgeitz einen Menschen verleiten kan, der
für nichts als diese wilde Leidenschaft lebt, und
welcher kein ander Glück kennt, als seines gleichen unterwürffig zu machen. Cromwell der
sich von dem einzigen Mitbuhler der ihm die
Ober-

Oberherrschaft streitig machen konte, durch dessen schmählichen Tod befreyet hatte, betrug sich
noch viel öffentlicher denn jemahls als Herr,
ohne daß jemand sich unterstand wider seine
Tyrannen den Mund aufzuthun. Allein was
war von einem Volcke zu erwarten, das die
Niederträchtigkeit gehabt hatte, seinen rechtmäs-
sigen Fürsten verdammen zu lassen, und welches die Grausamkeit gehabt hatte, ihn hinrichten zu sehen, ohne ihn dem Tode zu entreissen!
Der neue Tyrann hob die Cammer des Ober-
hauses auf, und erlaubte nur das die Pairs
durch die Städte erwählt werden durften. um
einen Theil des Unterhauses auszumachen;
nachher veränderte er die Gestalt der Regierung, schafte die Monarchie ab, und setzte an
deren Stadt einen aus seinen niedrigsten
Schmeichlern zusammen gesetzten Staats-Rath
ein, welchen er den prächtigen Titel, eines Be-
schützers des Volcks und Vertheidigers der Gesetze ab. Da er unterdessen dennoch befürchtete, daß die Beständigkeit verschiedener Grossen
welche Carln getreu geblieben waren und vergeblich für ihn gefochten hatten, einige Funcken der Tugend in den Herzen der übrigen

K 4   wieder

wieder anzünden, und ihn dieses von dem Gipfel der Hoheit auf welchen er durch seine Laster
gestiegen war herab und in den Abgrund der
Quaal welchen seine Verrätherey verdiente,
stürzen möchte; so ließ er diese enthaupten und
befreyete sich durch ein ungerecht Urtheil von
denen einzigen die übrig geblieben waren, die
unglückliche Familie des Königs zu rächen, und
von tugendhaften Zeugen, deren Nahme allein
für ihn ein unaufhörlicher Vorwurf seiner Laster
seyn mußte. Nach dieser grausamen Handlung
gieng er unter dem Titel eines Oberbefehlsha-
bers nach Irrland, und zerstreuete die welche für
Carln die Waffen ergriffen hatten, von da kam
er mit seinen Lorbern bedeckt nach London zurück,
hob das Parlament auf, veränderte den Staats-
Rath, entsetzte verschiedene der Räthe ihrer
Stellen, und machte neue an ihre Statt. Er
führte auch die Gewissensfreyheit ein, wo von
nur die Chatholische Religion allein ausgeschlos-
sen war. Als Carl der andre durch die Schotten wieder zurück gerufen wurde, fürchtete
Cromwel daß er ein neu Parlament zusammen
berufen, und die Gewissensbisse über das Laster
welche das vorige Parlament begangen hatte,
dieses

diejenigen welche dabey befindlich gewesen eifrig machen möchten, den Fehler zu verbessern; denn in der That hatten sie Ursache zu wünschen die Crone auf dem Haupte des Erben von demjenigen zu sehen, welchen Cromwell so ungerechter Weise hatte verdammen lassen. Er ergrif also die Parthie Carln dem andern entgegen zu geben. Er würde wenn Carl die Oberhand behalten hätte ohne alle Hülfe verlohren gewesen seyn, und er hatte die grausamsten Strafen nach dem Werthe seiner Mißhandlungen, zu gewarten. Allein das unglückliche Schicksaal Carls des ersten erstreckte sich biß auf seinen Sohn, denn er wurde durch die Verrätherey der treulosen Schotten, welche sich bey Cromwells Anblick ergaben, geschlagen. Dieser barbarische, eben so glückliche als strafbare Cronen Räuber, kehrte also nochmahls siegreich nach London zurück, und reiste bald darauf wieder ab um mit den Holländern zu kriegen. Das nehmliche Glück und eben so guter Fortgang begleiteten ihn dabey. Die Engelländer wurden dergestalt von seiner Herzhaftigkeit und seinen Talenten verblendet, daß das Parlament ihm bey seiner Zurückkunft die Crone anbot; allein er schlug sie

K 5 aus,

aus. Er kennte die Menſchen zu gut als daß er
nicht hätte wiſſen ſollen, daß man ſie viel un-
umſchränckter und viel ſicherer beherrſchen könne,
wenn man die Herrſchaft zu verachten ſcheint,
oder ſich ſtellt als hielte man ſich nicht würdig
genug tazu.   Er begnügte ſich alſo mit dem
Titel eines Beſchützers, welcher ihm zugeſtan-
den wurde.   Doch der unruhige Geiſt der Engelländer ließ nicht zu, daß ſie den unſinnigen
Enthuſiasmum für Cromwelln lange beybehiel-
ten.   Er hörte daß das nehmliche Parlament,
welches ihn hätte crönen wollen, bedacht war
ihm den Titel des Beſchützers wieder zu nehmen.
Dieſer ungerechte Eroberer, deſſen Standhaf-
tigkeit und Kühnheit ihn auf den höchſten Gipfel von Ehre erhoben hatten, trat in die Cammer der Gemeinen ein, und ſagte mit Dreiſtigkeit; meine Herren, ich habe gehört ihr ſeyd
entſchloſſen mir die Patente eines Beſchützers
wieder zu nehmen; hier ſind ſie, fügte er hinzu
indem er ſie auf den Tiſch warf, es wird mir
ein Vergnügen ſeyn zu ſehen, ob ſich auch einer unter euch finden wird, der dreiſt genug iſt
ſie zu nehmen.   Er bedrohete ſie nachher mit
ſeinem Unwillen nöthigte ihnen den Eid der
Treue

Treue ab, welchen kein einziger zu weigern getrauete, weil er ihnen durch seine Kühnheit Furcht eingejagt hatte, schickte sie nach Hause und hob das Parlament auf. Diese standhafte Handlung vernichtete in allen Gemüthern die wenigen Hülfsmittel die ihnen übrig waren gänzlich, ein jeder schmiegte sich unter das Joch, und Cromwell genoß die Früchte seiner Laster ruhig biß an seinen Tod.

Welch ein wiedrig Schauspiel für die Tugend ist nicht der Anblick eines glücklichen Bösewichts, der von Missethaten und frevelhaften Eingriffen überhäuft, gleichwohl ruhig, und dem Ansehen nach geehrt stirbt, da inzwischen sein rechtmäßiger König, welchen er mit so vieler Wuth verfolget hatte, unter Marter und Schande zu Grunde gehet. Ohne Zweifel scheint dieses Beyspiel nicht gemacht zu seyn, die Menschen von der grausamsten aller Leidenschaften, zu bessern. Man schämt sich selten über eine Begierde, wenn die Hofnung eines glücklichen Ausgangs durch Beyspiele befestiget ist, und eine für unsere Eigenliebe schmeichelhafte Aussicht, verbirgt unsern Augen die Betrach

trachtung der lasterhaften Bahn welche man
einschlagen muß, um seine ehrgeißigen Hirn=
gespinste würcklich zu machen, leichtlich.　Allein
welcher tugendhafte Mensch würde nicht für ei=
ner anscheinenden Glückseligkeit die auf das La=
ster gegründet ist, und die ihn bey dem mensch=
lichen Geschlecht eben so abscheulich machen muß,
als bey sich selbst, Abscheu haben, wenn der
Weg der ihn dazu führen soll, ihm deutlich
gezeiget würde.　Unterdessen sind zur Schande
der Menschen wenige vom Ehrgeiße frey. Dies
ist die wahre Leidenschaft der Seele, sie scheint
uns angebohren zu seyn; die Stimme der Na=
tur scheint uns die Begierde zur Herrschaft ein=
zuflößen.　Es ist wahr die Gelegenheit fehlt
zuweilen, und dieser aus Mangel von Nah=
rung in seiner Geburt erstickte Keim, kan nicht
aufgehen.　Derjenige welcher sich in dieser ge=
zwungenen Lage befindet, scheint von der allge=
meinen Seuche befreyet zu seyn; man bewun=
dert seine vermeinte Philosophie, und man
weiß ihm Danck für eine Tugend, welche er
seinem Unvermögen schuldig ist.　Man verän=
dere aber nur die Umstände, man lasse ihm die
Mittel sich empor zu schwingen von weiten se=

hen,

hen, ſo wird man bald gewahr werden wie er
alle ſeine Seelenkräfte auf dieſen Gegenſtand
verwendet, es wäre denn daß die Hitze einer
feurigen Jugend ſeinen Sinnen zu viel Herr
ſchaft einräumte, als daß das Moraliſche über
das Phyſicaliſche die Oberhand erhalten könte.
Allein ſo bald das reifere Alter dieſes Feuer
welches die Natur in uns anzündet, gedämpfet
hat, ſo iſt das von der wilden Leiden
ſchaft der Liebe freye Herz, mit nichts weiter erfüllt, als mit der Begierde nach Oberherrſchaft, von welcher Art ſie auch ſeyn mag.
Es giebt ſogar einige, die gegen die Reizungen der Wolluſt ſehr wenig empfindlich, in einem Alter, wo ihr die meiſten Menſchen ſogar
ihre heiligſten Pflichten aufopfern, dieſes Vergnügen nur als einen vorbeygehenden Zeitvertreib anſehen, der nicht würdig iſt ihre Seele
zu beſchäftigen, und folglich auch nicht vermögend ſeyn kan, denenjenigen Vortheilen das
Gleichgewicht zu halten, welche ſie ſich von der
Ausführung ihrer Entwürfe verſprechen. Ohne
Zweifel ſuchen dieſe, dem Ehrgeize ganz allein
überlaſſene, ſich zu ihren Abſichten günſtige
Umſtände zu verſchaffen, wenn ſich ſolche nicht
von

von selbsten zeigen.   Man entdeckt sogar in ihnen von ihrer zarten Jugend an, die frühzeiti-
ge Frucht, deren Reife man mit einem so gerechten Abscheu zu erwarten hat; da kein einzig anderes Gefühl, und selbst die über die Jugend so mächtigen sinnlichen Empfindungen,
eine viel zu schwache Herrschaft über sie haben,
sie in ihrem Laufe aufzuhalten, so vollendet die
eingewurzelte Gewohnheit, sich mit nichts als
ihrer Erhebung zu beschäftigen, welche ihre
Einbildung bey guter Zeit gefaßt hat, in ihnen gar bald, was die Natur bereits mit zu
vielem Fortgange, nur entworfen hatte. Cromwell war ohne Zweifel von dieser Zahl, und
sein ganzes Leben ist nichts als ein Gewebe von
bösen Unternehmungen, gegen alles, was sich
seiner unersättlichen Begierde zu regieren, widersetzen konte.   Der Zufall hatte ihn schlecht
versorgt, indem er ihn in einem niedrigen Stande hatte lassen gebohren werden, doch diese
Verfassung, die ihm dem Ansehen nach unübersteigliche Schwierigkeiten darstellete, schärf-
te sein stolzes Genie nur noch mehr, um dahin
zu gelangen, solche zu überwinden.   Je mehr
eine Feder angespannet ist, je mehr Stärcke
er-

erlangt ſie, ſo bald ſie nur die Freyheit hat ſich auszudehnen. Die Grentzen in welchen ſich Cromwell durch ſeinen Stand ſahe, ſchienen ihn in den engſten Schrancken zu halten, allein eben dieſe Einſchränckungen waren es, welche ſeine verwegene Hertzhaftigkeit anfeuerten; je mehr ſie zurück gehalten wurden, je mehr reiz⸗ ten ſie ihn, alle Mühe anzuwenden, um ſie zu erweitern. Er wurde von ſeinem zu Unter⸗ nehmungen aufgelegten Genie hingeriſſen, alle Schrancken zu zerbrechen, welche für ſeine ehr⸗ geitzigen Entwürffe einen Damm machten. Die⸗ ſer gewaltſame Eroberer, wäre vielleicht ein friedliebender König geweſen, wenn er durch die Geburt zum Throne gekommen wäre. Ei⸗ ne beſtimte und anerkante Gewalt, iſt eine ſchwache Nahrung für den Ehrgeitz. Es bleibt um dieſe unerſättliche Neigung zu nähren, kein Mittel übrig als die Eroberungen, und da dieſe uns niemahlen mehr als den Titel eines Beherrſchers, den man ſchon hat, erwer⸗ ben können, ſo kan das Unvermögen der⸗ gleichen immer neu werdende Begierden zu befriedigen, zuweilen aus Mangel der Nah⸗ rung leicht ein Feuer auslöſchen, welches

die

die Hofnung eines glücklichen Erfolgs ohne
Unterlaß anfachet und unterhält. Allein die
Hofnung auf ein Reich, davon man einer der
geringsten Unterthanen ist, ist ein sehr würdi-
ger Gegenstand, um in einem ehrgeißigen
Hertzen so wie des Cromwells, denjenigen brennenden Eifer unaufhörlich anzureißen, welcher
ihm sogar sein Leben mit Gleichgültigkeit ansehen ließ, wenn er nicht auf den Thron gelangen könte. Ohne Zweifel wird man kaum
begreifen, wie ein auf die oberherrliche Gewalt so begieriger Mensch, der seine Ruhe
und seine Ehre aufgeopfert, ja zuweilen sein
Leben gewagt hatte, um sie zu erhalten, die
Mäßigung haben konte, die Crone auszuschla-
gen, welche das Parlement ihm anbot; allein
Verschlagenheit war, wie ich schon angemerckt
habe, der einzige Beweggrund dieser verstellten Bescheidenheit. Sein Ehrgeiß selbst diente ihm zum Zaum wieder dieses schmeichelhafte
Anerbieten, um nicht alle seine Vortheile zu
benutzen, und wenn es möglich wäre sich einer
eben so stolzen als unbeständigen Nation, durch
eine Weigerung zu versichern, welche tausendmahl rühmlicher für ihn war, als der Purpur
mit

mit dem man ihn bekleiden wolte. O Tugend!
du Tochter des Himmels, die du auch selbst
in die allerverderbtesten Hertzen deine himlische
Fackel überbringst, um den Strafbaren zu quälen, in eben der Zeit, da sie das Glück des
Rechtschaffenen ausmacht; genieße deines
Siegs: Das Laster, indem es selbst durch seine schändliche Heuchelen dir einen Altar auf-
richtet, verkündigt der gantzen sich demüthi-
genden Welt, wie allein du des Weyrauchs
der Sterblichen würdig bist, und wie selbst
diejenigen, welche dich durch die unerhörtesten
Laster beleidigen, gezwungen sind, dein Bild
zu entlehnen, um die Menschen zu berücken
oder zu verderben.

Obgleich der Ehrgeitz die wildeste und grau-
samste von allen Leidenschaften ist, so zeigt er
sich doch nicht immer unter einer so abscheulichen und so wiederwärtigen Gestalt, als in
dem Beyspiele, welches ich so eben angeführet
habe. Der Stoff dazu muß sehr wohl zube-
reitet gefunden werden, wenn daraus ein solch
schwehres Laster entstehen soll, als Cromwelln
seines; es ist sogar ein Zusammenfluß von Um-

II. Theil.   L   stän-

ständen nöthig, der fähig ist einem Ehrgeizigen dergleichen so ausserordentliche und so verhaßte Mittel zu verschaffen, um Schandthaten
behülflich zu seyn, davon uns die Geschichte
biß hieher noch kein einzig Beyspiel angiebt.
Unterdessen ist kein einziges Reich für Rotti-
rungen sicher, so weise auch seine Regierung
seyn mag, und ein Anführer einer wiedrigen
Parthey, kan Meister vom Throne werden,
wenn ihm der Zufall hilft, und die Gewalt
sich mit der Herzhaftigkeit und der Vorsichtig-
keit vereiniget.   Der Herzog von Mayenne
wäre ohne Zweifel König von Franckreich geworden, wenn nicht die Tapferkeit Heinrichs
des Vierten, und die übrigen Gaben dieses
Monarchen, der so würdig war einer zu seyn,
für ihn gestritten, und so gar mehr Gewalt
über die Hertzen seiner Unterthanen gehabt hätten, als seine Waffen über einen unrechtmäs-
sigen Eroberer, welcher keinen andern Vorwand hatte seinem rechtmäßigen Oberhaupte
die Crone streitig zu machen, als den durch
die Schwärmerey eingeflößten Enthusiasmum:
Allein so ungezähmt auch die gegen Heinrichen
Verbundenen waren, würden sie sich doch nie-

mahls

mahls biß dahin haben verführen laſſen, ihren
König gerichtlich zu verdammen, das Leben
auf der Blutbühne zu verlieren. Die Fran=
zoſen ſind ſolcher Ausſchweiffungen nicht fähig;
der Leichtſinn ſelbſt, welchen man ihnen vor=
wirft, ſchließt von großen Laſtern aus, und
wenn Unbedachtſamkeit und Unbeſtand ſie zu=
weilen von ihren Pflichten entfernen, (indem
das Neue unveränderliche Rechte über ſie hat,
und ſie alles mit Lebhaftigkeit ergreifen, was
nur ihre unruhige Gierigkeit nehren kan) ſo
bringt ſie doch die natürliche Güte und Sanft=
muth ihres Characters, nebſt der angebohr=
nen Liebe zu ihrem Fürſten, von einer Verir=
rung weniger Augenblicke, die ihren Urſprung
nie in ihren Herßen gehabt, bald wieder zu=
rück. Dieſe glückliche Beſchaffenheit der Fran=
zoſen ſetzt ſie alſo für ſolchen Abſcheulichkeiten
ſicher, davon Engelland unter der Regierung
des unglücklichen Carls des erſten, ein trauriger
Schauplatz geweſen iſt. Allein wenn ſie auch
keine Cromwells zu fürchten haben, ſo ſind die
Ehrgeißigen für ſie nicht weniger furchtbar als
für alle andre Staaten, welche das Unglück
haben ſie hervor zu bringen; denn wenn auch

das

das Unvermögen sich mit einer Crone geziert
zu sehen, ihnen nicht erlaubt sich so kühnen Entwürfen zu überlaffen, so finden sie nichts defto
weniger Mittel, die höchfte Gewalt an sich zu
ziehen. Unter der Larve getreuer Unterthas-
nen, einzig und allein von dem Ruhme ihres
Herrn eingenommen, dem Scheine nach ihre
Ruhe und ihre Freyheit ihm aufopfernd, und
ihm mit einer angeblichen Treue ohne Gräntzen zu dienen, sich sogar dem öffentlichen Hasse
ausfetzend, regieren sie in der That unumschränckt, unter dem vorgespiegelten Titel blof-
fer Diener des Willens ihrer Könige, da sie
unterdeffen würcklich nichts als die Diener ihrer eignen Leidenschaften sind. Der Monarch,
welchen sie dahin gebracht haben, sie zu fürchten, wird seiner Seits der Sclave ihres Ehrgeitzes. Es bleibt ihm gar bald nichts mehr
übrig als der Schatten der Herrschaft, und er
ift in den Händen seiner Staatsbedienten nichts
mehr, als ein geringschätziges Werckzeug, daß
sogar zu weiter nichts dient, als ihr Ansehen
zu befestigen, und es gegen die wiedrigen Zufälle zu schützen, welche eine tyrannische Gewalt zuweilen nach sich ziehet.

Ein

Ein solcher war der berühmte Cardinal, Herr von Franckreich und gantz Europa, welcher es nach seinem Willen regierte. Sein Ehrgeitz war die einzige Bewegursache seines Betragens. Einzig und allein dieser Leidenschaft überlassen, war nichts vermögend ihn davon abzuziehen; sie besaß ihn gänzlich. Die Freundschaft, dieses für tugendhafte und empfindsame Seelen so angenehme Band, hatte kein Recht auf sein Herz. Er kennte nichts als Haß und Rache, die einzigen Empfindungen, deren ein Ehrgeiziger fähig ist. Wenn er zuweilen den Nahmen des Freundes mißbrauchte, um sich damit zu schmücken, so geschahe es nicht anders, als wenn er glaubte, solchen zu seinen Absichten gebrauchen zu können. Alle die, welche er vermögend hielt seiner Gewalt im Wege seyn zu können, oder seine Gunst zu theilen, wurden die Schlachtopfer seiner Eifersucht und seiner Sucht unumschränckt zu herrschen. Mit einem Worte, alle Nebenleidenschaften, welche nichts als Zweige der zwey Hauptleidenschaften sind, die die Natur in uns gelegt hat, vereinigten sich, um seinem Ehrgeitze alle Hülfsmittel ihrer Kunst zu

L 3
leyhen.

leyhen. Alle diese versamleten Unterhändler
trugen zur Befestigung seiner herrschenden Lei=
denschaft das ihrige bey, um ihr einen solchen
Grad von Gewalt zu geben, der im Stande
war alle Hindernisse zu übersteigen, welche er
um sich empor zu bringen, und sich in dem
Ministerio zu erhalten, zu überwinden hatte.
Selbst die Liebe, diese so tyrannische Leiden=
schaft, hatte über ihn eine nur augenblickliche
und sehr begränzte Gewalt; sie zog ihn nie=
mahls von seinen großen Entwürffen ab. Sie
mußte ihm als einem geschickten Weltmanne
sogar öfters zu seinen Absichten dienen, und
diese zu überwinden fast immer sichere Leiden=
schaft, sobald sie nur Eingang in einem Her=
tzen findet, war für ihn nichts als ein Werck=
zeug mehr, um die verschiedenen Triebfedern,
welche er nöthig hatte zu seinem Zwecke zu gelan=
gen, in Gang zu bringen. Es war nichts, sogar biß
auf die Eitelkeit, daß nicht in dem Hertzen des ehr=
geitzigen Richelieu Platz gefunden hätte. Diese
kleine niedrige Leidenschaft, welche gemeinig=
lich nur für ein schwaches Geschlecht, oder für
einfältige Genies, die aus Unerheblichkeit in
die nehmliche Classe gesetzt werden, aufbehal=
ten

ten iſt, hätte ohne Zweifel nicht das Theil des
gröſten Mannes, welchen Franckreich je gehabt hat, ſeyn ſollen. Allein ein Ehrgeißiger
verachtet auch nicht das kleinſte Glied von derjenigen unbeſchreiblichen Kette, mit welcher er
den ganßen Erdboden umfangen zu können
wünſchet. Der Anſpruch auf einen ſchönen
Geiſt, auf das Angenehme im Umgange, auf
die Annehmlichkeiten der Leibesgeſtalt, fand
ſich in dieſem großen und ausgebreiteten Genie, mit den allergröſten Entwürfen und der
allerfeinſten Staatsklugheit, auf einer Reyhe.
Er ſchämte ſich ſogar nicht, ſich von dem Gipfel
ſeiner Größe herabzulaſſen, um ſich ſo gering-
ſchäßig zu machen, daß er ſich biß unter die
Zahl jener unwiſſenden Schandflecken der Wiſſenſchaften ſeßte, welche, indem es ihnen an
hinlänglichen Gaben fehlt, unter berühmten
Schriftſtellern einen Nahmen zu erhalten, ſich
wegen ihres Unvermögens zu rächen glauben,
wenn ſie die Wercke, die der Gegenſtand ihrer
niedrigen Eiferſucht ſind, auf eine bittere Art
lächerlich zu machen ſuchen. Er verfolgte den
Wiederherſteller der franzöſiſchen Schaubühne,
deſſen Beſchüßer er hätte ſeyn ſollen, auf eine

£ 4 nie-

niederträchtige Art, um sich wegen der edlen
Herzhaftigkeit, mit welcher dieser ihm wieder-
standen hatte, zu rächen. Allein konte er wohl
erwarten, daß der Autor des Cinna, um des
niedrigen Vortheils willen einem alles vermö-
genden Minister zu gefallen, seine erhabenen
Talente beschimpfen würde, um unter dessen
Nahmen diejenigen Meisterstücke der Kunst
ausgeben zu lassen, die er doch dem glänzenden
Glücke, welches ihm eine niederträchtige Ge-
fälligkeit hätte zuwege bringen können, vorzog?
Wunderbare Abwechselung des menschlichen
Geistes, der in der nehmlichen Person so vieles
Große und so vieles Kleine zu vereinigen weiß!

Der Cardinal von Richelieu der mit allen
möglichen Gaben zu grosen Dingen, in Betracht des Umfangs und der Erhabenheit seines
Genies, gebohren war, ist vielleicht einer derjenigen Menschen, welcher diese anscheinenden
Wiedersinnigkeiten am meisten vereiniget hat.
Er machte aus einem ihm gelungenen Madri-
gal eben so viel, als aus dem allerwichtigsten
Geschäft. Auf alle Arten von Ehre und Ruhm
begierig, wolte er daß ihm keine davon entge-

hen

hen ſolte. General, Gottesgelehrter, Staatskluger, Dichter, Miniſter, Weltmann, Gelehrter, ſchöner Geiſt, Liebhaber, alles machte
er, und ſein grenzenloſer Ehrgeiß erlaubte ihm
nicht, auch nur die kleinſten Mittel aus der
Acht zu laſſen, die ihn eben ſo berühmt als
mächtig machen konten. Das ganze Leben dieſes Miniſters, iſt nichts als ein ununterbroche-
nes Gewebe von Ränken aller Arten. Noch
niemahlen hat ein Staatskluger, die einen
Ehrgeißigen ſo nöthige Verſtellungskunſt, ſo
weit getrieben. Dies iſt die Kunſt des Hofes:
Der Hof lernt ſie um ſo vorzüglicher weil er ſie
verlangt. Richelieu der denen die er regieren
wolte, in allem ſehr überlegen war, fühlte un-
terdeſſen wohl, daß ohnerachtet dieſer Ueberlegenheit, er unumgänglich nöthig hätte mit denen Gemüthern mit welchen er zu thun hatte,
behutſam umzugehen, und zuweilen ſelbſt dem
Scheine nach, nachzugeben, um ſich nachher
mit mehrerm Vortheil zu erheben, und ſich öfters als den eifrigſten Anhänger dererjenigen
zuſtellen, welche er ſtürzen wolte, um ſie um
ſo viel ſicherer anpacken zu können. Die Falſch-
heit welche gemeiniglich nur das vertheidigungs-

L 5   Gewehr

Gewehr schwacher Seelen ist, indem sie die
einzige Brustwehr ist, die sie der Stärcke der
sie zu wiederstehen nicht Herz genug haben, entgegen setzen können, war im Gegentheile für
Richelieuen ein angreifendes Gewehr, dessen
er sich bediente, um seine Aufpasser zu betrügen,
seine Mitbuhler zu stürzen, sich an seinen Feinden rächen, seine Herren zu berücken, die Grossen unterwürffig zu machen und sie an seinen
Triumphwagen zu fesseln.   Sein Ehrgeitz ward
mit der Würde eines Bischofs von Lucon, dazu
er ernennet war, nicht befriediget.   Er sahe
dies nicht anders als den ersten Schritt an der
ihn auf den Gipfel der Ehre bringen solte.
Seine verstellte Ergebenheit gegen die Königin
Mutter, hatte ihm die Zuneigung dieser Prinzeßin und ihrer Lieblinge erworben: Sie gab
ihm davon gar bald Beweiß, indem sie machte
daß er in den Staats-Rath kam, und kurze
Zeit hernach wurde er unter dem Schutze des
Marschals d'Ancre, Saats Secretarius. Ein
so schmeichelhafter Augenblick für einen Ehrget-
tigen, dessen erhitzte Einbildung den gantzen
Umfang der Macht welchen dieser erste Grad
von Erhebung ihm verspricht, mit einem ge-

schwinden

schwinden Fluge durchstreicht, war für den Bischof von Lucon nichts als die Morgenröthe eines schönen Tages, der sich mit einem uner-
warteten Ungewitter endigen solte. Schon zogen sich die Wolcken zusammen und verkündig-
ten den allerheftigsten Sturm; die Winde waren loß, die Blitze strahlten von allen Seiten,
der Donner tönte, und seine Keile die über das
Haupt des unglücklichen Richelieu herab hingen,
schienen auf nichts als die Verweisung der Königin zu warten, um ihn durch ihren Fall zu
erschlagen. Würcklich zog solche auch die Verweisung ihres Günstlings nach sich. So bald
er keine Beschützerin mehr hatte, verlohr er in
einem Augenblicke in den Augen der Höflinge,
und selbst derjenigen welche er erhoben hatte,
diejenigen vorzüglichen Gaben, und dieses er-
habene Verdienst, wodurch er sich in der kurzen Zeit da er in der Gunst seines Herrn stand,
Bewunderung zugezogen hatte.

Wenn sie keine Gewalt mehr haben so haben sie
auch keine Schmeichler mehr (*)
Wie ein Verbanneter, von einer Stadt zur
andere herum ziehend, war sein Kirchsprengel
selbst.

(*) Malherbe.

selbst, der ihm wenigstens zur Freystadt in seinen Unglücksfällen hätte dienen sollen, nichts
als eine vorübergehende Zuflucht für ihm, und
er wurde endlich gezwungen aus dem Königreiche zu gehen.   Welcher Fall, nach so geschwin-
den Fortgängen, und einer dem Ansehen nach
glänzenden Zukunft! Wer konte ihn wohl stär-
cker fühlen, als ein Mensch der vom Ehrgeitze
verzehrt wird und für ihn nur lebt!   Du Ge-
spenst einer eitlen Hoheit, du geliebter Götze,
der du die Schicksaale der Reiche bestimst, und
in die Herzen der unglücklichen Sterblichen den
Pfeil schiessest, welchen eine traurige Erfahrung und selbst die Gewissensbisse, nicht stumpf
machen können; fleuch von mir, entferne dich
von meinen Augen: Die betrügerischen Lockungen die dich umgeben, könten indem ich meine
ungewissen Blicke darauf wendete, biß in meine Seele dringen, sie durch ihre verführerischen
Reize verderben, und ohne mich glücklich zu
machen, mich vielleicht strafbar machen.

Wenn der Bischof von Lucon nur einen gemeinen Ehrgeitz besessen hätte, so würden seine Wiederwärtigkeiten seinen Begierden einem

Zaum

Zaum angelegt haben, und die Philosophie würde, indem sie ihn über seine Ungnade getröstet hätte, in seinem Herzen leichtlich den Platz einer Leidenschaft eingenommen haben, davon uns Vernunft und Erfahrung genugsam belehren, daß sie zu nichts geschickt ist als unser Herz zu tyrannisiren: Allein sie hatte zu viel Herrschaft über ihn, als daß sie denen so wenig erkanten und noch weniger geschmeckten Vortheilen, eines sanften und ruhigen Lebens, welches die Ausübung der Tugend eben so glücklich als schäzbar macht, das Gleichgewicht hätte halten können. Der nach Avignon verwiesene Richelieu, ein Raub bitterer Schmertzen eines grausamen Andenckens, welches ihn an sein verschwundenes Glück nur darum erinnerte, ihm sein gegenwärtiges Unglück um desto lebhafter empfinden zu lassen, glaubte seinen Verdruß zu lindern, wenn er sich auf die Gottesgelahrheit befleissigte. Dies war ausserdem noch eine Nahrung für seinen Ehrgeiß. Er hofte sich durch seine Wercke einen Nahmen zu machen, und durch diese Art von Ruhm den Glantz eines Glücks zu ersetzen, welches der einzige Gegenstand seiner Wünsche war, und

dessen

dessen Verlust so viel Bitterkeit über sein Leben
verbreitete. Allein da er ohne Zweifel von den
Wahrheiten einer Religion die in seiner Seele
nicht den ersten Rang hatte, nicht so eingenommen war als er es hätte seyn sollen, so zeigten
auch seine Wercke sehr von seiner Gleichgültigkeit, noch mehr aber von seiner Ungnade. Sie
überredeten nicht, und gefielen nicht. Man
schreibt frostig wenn der Geist nicht besser über-
zeugt, als das Hertz gerührt ist. Die Nieder-
geschlagenheit der Seele fließt in die Schriften
über, und macht sie eben so schlapp als un-
schmackhaft. Die Vergessenheit, in welche
seine Schriften verfallen sind, ist ein Beweiß
ihres geringen Werthes: Kaum weiß man noch
die Titel davon, und ohne den Nahmen ihres
Verfassers, würde man gar nicht wissen daß sie
je gewesen wären. Ausserdem war dieses auch
sein Fach gar nicht, und ein Genie seiner Art
war zu Untersuchung einer deutlichen Lehrart
gar wenig geschickt. Diese Beschäftigung war
also für ihn nur ein schwaches Hülfsmittel.
Unterdessen blieb er doch nicht ohne Hofnung,
denn ohne diese hört jede Leidenschaft auf, und
den Bischof von Lucon verließ die einige, selbst
an

an dem lezten Augenblicke, seines Lebens, nicht.
Er fühlte seine Stärcke, und fest entschlossen
keine Gelegenheit entfliehen zu lassen. welche
seine Zurückberuffung begünstigen konte, erwartete er den glücklichen Augenblick der alle sein.
Wünsche erfüllen solte, mit Ungeduld. Ohne
Bedencklichkeit über die Mittel dazu, schien
ihm jeder Weg rechtmässig, so bald er ihn nur
nach seinem Zwecke zuführte. Verrätherey,
Treulosigkeit, nichts war fähig ihn zurück zu
halten, und er hätte ohne Gewissensbisse sein
Vaterland den grausamsten Zwiespalten ausge-
sezt, wenn er dadurch nur hätte erlangen können, es zu regieren.

Voll von seinen ehrgeizigen Entwürffen, jedoch noch ohne Hofnung solche bald erfüllt zu
sehen, führte Richelieu zu Avignon ein eben so
unruhiges als unglückliches Leben, als seine
Sachen plözlich eine andre Gestalt nahmen.
Das Glück, welches wie es schien ihn hatte
versuchen wollen, indem es ihn einige Jahre
verlassen hatte, bereitete ihm diejenige glän-
zende Bahn, welche ohnerachtet der Hindernisse die er zuweilen zu übersteigen hatte, biß

ans

ans Ende seines Lebens mit Blumen und Lor=
bern bestreuet war.   Seine Gaben zu heimli=
chen Händeln, welche verursacht hatten daß man
ihn scheuete, machten daß man ihn viel taugli=
wer als sonst jemand hielt, den Zwiespalt der
seit einiger Zeit zwischen dem König und der
Königin Mutter herrschte, zu heben, weil er
bey der letztern alles galt.   Man trug ihm also
dieses Geschäft auf,   und dies war das Losungs=
zeichen seiner Gewalt, und der erste Schritt zu
derjenigen Grösse nach welcher er seit so langer
Zeit getrachtet hatte.   So bald er sich als Un=
terhändler bey einem Vertrage zwischen dem
Könige und seiner Mutter sahe, versprach ihm
die Vorzüglichkeit seines Genies, den glücklich=
sten Fortgang.   Er übersahe mit einem Augen=
blick alle Ehre die ihn erwartete; aber er spürte
auch wie unumgänglich für ihn bey diesem
Vorfalle die Kunst wäre, sich nothwendig zu
machen, und seine Vermittelung erkaufen zu las=
sen.   Er brachte es durch seine heimlichen An=
schläge so weit, daß er mit Beyhülfe der Kö=
nigin den Krieg zwischen den Catholicken und
Protenstanten wieder an bließ, und da er durch
das Verlangen welches der König bezeugte,
diese

diese innerlichen Unruhen geendiget zu sehen,
noch mehr Meister von den Bedingungen in
dieser Sache ward, bediente er sich der Gewalt
welche er über das Gemüth der Maria von
Medicis hatte, sehr geschickt, um einen Cardi-
nalshuth zu erhalten, indem er diese Prinzeßin
überredete, daß sie ihren Vergleich mit dem
Könige von diesem Versprechen abhängen lassen müsse. Sie erhielt es auch würcklich, und
so bald sie wieder am Hofe war, war sie mit
nichts beschäftiget, als ihrem Günstlinge den
Eingang in den geheimen Rath zu verschaffen.
Allein dieses Unternehmen war schwehr weil alle
Minister sich darwider setzten. Sie befürchte-
ten die Ueberlegenheit von Richelieus Talenten
mit Recht, der indem er zum Cardinal erhoben
war, um so viel gefährlicher wurde, da er dem
Grade welchen ihm seine Würde gab, und dem
Ansehen worinnen er bey der Königin Mutter
stand, noch alle Geschicklichkeit des allerfeinsten
Staats Mannes, des allerschlauesten Hofman-
nes, und die allerlistigsten und best eingeleite-
sten Räncke beyfügen konte. Aller dieser Hindernisse ohnerachtet behielt der Schutz der Königin die Oberhand, und verschafte ihm den Zu-

II. Theil.   M   tritt

tritt in den geheimen Rath. So bald er da=
rinnen aufgenommen war, wolte er auch Mei=
ster davon seyn, und um dazu zu gelangen, fand
er durch seine Cabalen Mittel, einige Minister
welche ihm Unruhe erweckten und für deren
Eifersucht oder Tugend er sich fürchtete, daraus
zu entfernen. Von nun an sahe er weiter nichts
was seinem Ehrgeitze noch im Wege stehen
konte, und dieser Zeitpunct war der Anfang
von derjenigen unumschränckten Gewalt, in de=
ren Besitz er biß an den letzten Augenblick sei=
nes Lebens blieb.

Der Cardinal, Meister von dem Gemüthe
der Königin Mutter, welche an ihm alle die
Talente gefunden zu haben glaubte, die am ge=
schicktesten waren ihre ehrgeitzigen Absichten zu
unterstützen, dachte auf weiter nichts als sich
auch des Gemüths des Königs zu bemächtigen,
damit seiner Gewalt nichts das Gleichgewicht
halten könte. Um dahin zu gelangen vereinigte
er sich mit Marien von Medicis, um den Kö=
nig von aller Art von Neigung zu entfernen,
welche das Zutrauen gegen den Cardinal hätte
theilen können. - Selbst die Königin seine Ge=
maß=

maßlin ward davon nicht ausgeſchloſſen.   Er
wendete alles an um Sie bey ihren Gemahle
verdächtig zu machen.   Die allerabſcheulichſte
Verleumdung, und die allerverhaßteſten Rän=
cke, wurden zu dieſem Endzwecke gebraucht.
Dieſe unglückliche Prinzeſſin wurde beſchuldi=
get, ſich mit einen gewiſſen Chalais in eine
Verſchwörung wider den Staat eingelaſſen, und
den Tod des Königs gewünſcht zu haben, um
den Bruder des Königs zu heyrathen.   Der
unglückſelige Chalais ward das Schlachtopffer
dieſer abſcheulichen Rotte wider die Unſchuld der
Königin.   Die Hofnung ſeiner Begnadigung,
welche der Cardinal ohne ſich dabey bloß zu ſtel=
len, ihm machen ließ, wenn er die Königin mit
in ſeine Ausſagen verwickeln wolte, zwang
ſeinem Munde eine Lügen ab, welcher ſein Herz
widerſprach.   Allein der Anblick der Blutbühne
auf welche ihn der Cardinal ſo gleich führen ließ,
ſo bald er nur von ihm erhalten hatte was er
verlangte, ließ bey ihm nicht zu, eine unterdrückte
Prinzeßn länger zu hintergehen, deren einzi=
ger Fehler war, daß ſie bey einem ehrgeißigen
Miniſter der die höchſte Gewalt allein haben
wolte, Mißtrauen erweckte. Er gab der Wahr=

heit

heit die Ehre, und wiederrufte die ungerechte
Beschuldigung welche er der Königin aufgebür=
det hatte, öffentlich. Diese Prinzeßin, wel=
che dadurch in dem Gemüthe des Königs wie=
der aufgenommen ward, würde es auch ohne
Zweifel in seinem Herzen gewesen seyn, wenn
ihr der Cardinal den Eingang dazu nicht durch
neue Kunstgriffe verschlossen hätte. Allein da er
durch das Bekäntniß des Chalais die erstern
vernichtet sahe, erdachte er andere, und fand
Mittel den König über die Vertraulichkeit in
welcher die Königin mit dem König von Spa=
nien ihren Bruder stand, Verdacht beyzubrin=
gen. Er legte ihr gutes Vernehmen als straf=
bar und gefährlich aus, und das heilige Band
der Freundschaft ward durch Richelieu, der un=
fähig war den Werth desselben zu erkennen, ent=
heiliget, welcher den König überredete daß
nichts als lediglich die Verrätherey, diese Ver=
bindung errichtete. Er behauptete, die Köni=
gin gäbe ihrem Bruder im Geheim von allen
Staats Vorfallenheiten die ihn interessiren kön=
ten, Nachricht. Durch dieses Mittel machte
er sie in den Augen des Königs, so wohl von
Seiten der Ergebenheit die sie ihm schuldig
wäre,

wäre, als von Seiten Franckreichs welches sie
hinterginge, strafbar. Diese gedoppelte Ver-
gehung brachte Ludwigen auf alle Art Mißtrauen
bey, und er hegte biß ans Ende seines Lebens
weder Freundschaft noch Zutrauen gegen die
Königin. Das war eigentlich die Stufe auf
welche der Cardinal den König haben wolte,
denn da dieser andächtige Printz keine Maitresse
hatte, die Königin aber, nebst der Schönheit
und den Annehmlichkeiten, auch Verstand besaß, so hatte Richelieu von dem Ansehen in
welches sie bey dem Könige hätte kommen können, alles zu befürchten, wenn er diesen nicht
durch seine vorgeblichen Entdeckungen davon
abgewendet hätte. Er begnügte sich so gar
nicht mit diesen verhaßten Beschuldigungen, er
fügte der Verläumdung auch noch Beleidigung
hinzu. Er verfolgte diese tugendhafte Prinzessin biß in einen geheiligten Schutzort, (*) wo
sie für den Allerhöchsten hingeworffen, denjenigen Trost suchte, den nur Er allein geben kan,
und wo sie ohne Zweifel für ihren Verfolger
betete. In dieser für jeden andern nur nicht
für einen ehrgeitzigen Unterthanen, verehrungs-

M 3 wür-

(*) Val de Grace, welches sie gestiftet hatte.

würdigen Wohnung, hatte man die Kühnheit,
die Schriften der Königin zu durchsuchen, und
unterstand sich so gar die Hand an Sie selbst
zu legen, um zu entdecken ob Sie nicht etliche
verdächtige Briefe des Königs von Spanien,
in ihren Busen verborgen hätte. Diese dem
Scheine nach auf Befehl des Königs unternom-
mene unwürdige Behandlung, war nichts als
ein Werck des Ministers. Es schien als wenn
letzterer, dem nicht allein die Geschäfte von
Franckreich sondern von gantz Europa auf dem
Halse lagen, und deren Schwehre ihn gantz
niederdrücken müsse, gleichwohl mit nichts beschäftiget wäre, als jeden Tag neue Mittel auf-
zusuchen, um sein Schlachtopffer die Königin
zu kräncken und zu erniedrigen. Er trieb die
Grausamkeit so weit, daß er ihr so gar diejenigen von ihren Frauenzimmer nahm, welche ihr
am meisten ergeben waren, und für Sie ein
Gegenstand des Trostes in ihren Unglücksfällen
seyn konten. Was hatte man von einem in seinem Hasse so unversöhnlichen Manne nicht zu
erwarten, wenn solcher von einen gegründeten
Unwillen gegen seine würcklichen Feinde gereißt
war, da schon die einzige Furcht das Zutrauen

sei-

seines Herrn mit seiner Gebieterin theilen zu
müssen, ihn zu dergleichen Ausschweiffungen
verleitete?

Man hat behaupten wollen, der Cardinal
habe die Königin mehr aus Liebe als aus Haß
verfolgt, und daß er, da er bey dieser Prinzeßin nicht ankommen können, sich an ihrer Tugend gerächet hätte, indem er ihr durch seine
Verläumdung das Hertz des Königs raubte
und ihr täglich neuen Verdruß erregte. Allein
welche verhaßte Ursache ein solch ungerechtes
Verfahren auch haben mag, so läßt doch der
stolze und ehrgeitzige Character des Cardinals
nicht zu, letzteres nur anzunehmen. Seine
Seele war zu einer aufrichtigen Neigung unfähig. Seine Grausamkeit gegen seine Gebieterin ist also gar nicht durch die Trunckenheit einer Leidenschaft zu beschönigen, welche
in der That die allertugendhaftesten Hertzen zuweilen strafbar machen kan, wenn sie sich derselben bemeistert hat. Da ausserdem diese vor-
gebliche Liebe von keinem einzigen glaubwürdi-
gen Geschichtschreiber beglaubiget wird, so ist
wahrscheinlich, daß wenn er auch welche gegen

M 4　　　　die

die Königin bezeiget hätte, er vielleicht gehoft
hat einigen Nutzen daraus für sein Glück zu
ziehen, und uns so viel sicherer zu regieren.

Aber warum suchen wir andere Beweggrün-
de des Cardinals die Königin bey Ludwigen
schwartz zu machen, als die Furcht für der Gewalt, die sie erhalten können, oder das Vertrauen des Königs mit ihr zu theilen? Hatte
er denn andre um Marien von Medecis zu verfolgen, der er seine Erhebung schuldig war,
und deren Wohlthaten eine unverbrüchliche Ergebenheit hätten zuwege bringen sollen? Unterdessen wurden solche von Richelieus Seite
mit dem allerschwärzesten Undancke vergolten.
Er befürchtete ohne Zweifel, diese eben so ver-
schlagene als ehrgeißige Prinzeßin möchte zu
viel Herrschaft in dem geheimen Rathe und
über den König gewinnen, wodurch die seinige geschwächt würde. Von diesem Augenblicke
an wendete er alle seine Ränke gegen Sie und
diejenigen, welche ihr ergeben waren. Er
schämte sich nicht, sich biß zu den allerschändlichsten Räncken und zu den allerverächtlichsten
Personen zu erniedrigen, um durch diese einige
Ge-

Geheimniſſe zu entdecken, daraus er Vortheil
ziehen könte, um Hauptbeſchuldigungen anzu-
richten.   Die ſträflichen Wendungen, welche
er auch den unſchuldigſten Dingen zu geben
wuſte, machten alle, welche die Parthie der
Königin Mutter hielten, unglücklich.   Dieſe
Prinzeßin, die ſich von demjenigen, welchen Sie
mit Wohlthaten überhäuft hatte, aufs grau-
ſamſte beleidiget ſahe, wolte ihrer Ungnade
durch den Fall ihres Günſtlings zuvorkommen;
allein ſie konte nicht dahin gelangen, ihr eigen
Werck zu vernichten.   Der Cardinal trium-
phirte über ſie und über alle die ihr ergeben
waren.   Er füllte die Gefängniſſe mit Schlacht-
opfern ſeines Ehrgeitzes an.   Er verſuchte ſogar ſich der Perſon der Marie von Medicis zu
verſichern; allein ſeine Wachſamkeit wurde betrogen,   und ſie fand Mittel ſeinen Händen
mit Hülfe der Nacht zu entrinnen.   Sobald
er ſich von dieſem Gegenſtande ſeiner Eiferſucht
ſucht befreyet ſahe, fand er, daß, um ſich gegen den gerechten Unwillen ſeiner Wohlthäterin,
deren rachſüchtigen Character er kennte, in
Sicherheit zu ſetzen, ihm kein andrer Weg
übrig blieb, als dieſe Prinzeßin auf immer zu

M 5   ſtür-

stürtzen. Allein um seiner Undanckbarkeit einen Anstrich zu geben, und die Augen des Königs zu verblenden, hatte er die Geschicklichkeit sich zu stellen, als gebrauchte er das Ansehen, in welchem er bey dem Könige stand, um
ihn zu bewegen, seine Mutter zurück zu rufen,
und ihr seine Zärtlichkeit und Zutrauen wieder
zu schencken, da er indessen den König durch
alle seine Minister, welche nichts als Sclaven
von Richelieus Willen waren, bereden ließ,
einem Vergleiche mit Marien von Medicis niemahls Gehör zu geben. Sie hätte, sagten sie
zu ihm, seine Nachsicht zu sehr gemißbraucht,
und sich seiner Güte zu unwürdig gemacht.
Nachdem also der Cardinal durch diesen niederträchtigen Streich, das Gemüth des Königs von seiner Mutter gantz abgewendet hatte,
blieb dieser unglücklichen Prinzeßin kein einzig
Hülfsmittel übrig, da ihr der undanckbare Richelieu sogar den Unterhalt versagte. Nachdem sie lange Zeit aus einem Lande ins andre
herum geirret war, gieng sie endlich zu Cölln
unter Kummer und Elend aus der Welt, wo
sie sogar der allergemeinsten Nothwendigkeiten
des Lebens beraubt war, da indessen ihr Günstling

ling und ihr Verfolger, die Früchte ſeiner Ungerechtigkeiten und ſeiner Treuloſigkeiten, in
Ruhe genoß.

Die unumſchränckte Gewalt des Cardinals
von Richelieu hatte ſogar die Tugend ſelbſt entkräftet, und ihr diejenige edle Herzhaftigkeit
genommen, welche durch die Wahrheit einge-
flöſſet wird. Er hatte ihre Stimme erſtickt,
und niemand unterſtund ſich gegen ſeine Tyranney zu reden. Allein er war mit der Herrſchaft über gantz Franckreich, der er ſich mit Unrecht angemaßt hatte, nicht zufrieden, er wolte
ſolche ſogar biß über ſeinen Herrn erſtrecken.
Er litte keinen Freund bey ihm, der einzige
Troſt eines Monarchen, der groß genug war,
ſolchen zu verdienen. So bald einer ſeiner
Hofleute ihm zu gefallen ſchien, wurde er der
Gegenſtand des Haſſes und der Eiferſucht des
Miniſters; er verfolgte ihn und fand durch
ſeine Räncke Mittel, ihn zu entfernen. Selbſt
diejenigen, welche er erhoben hatte, wurden
ihm, ſobald er es dahin gebracht hatte, daß
ſie in der Gnade des Königs ſtanden, verdächtig, aus Furcht, ſie möchten ſeine Mitwerber

wer-

werden. Der unglückliche Cinq-Mars ist davon ein sehr rührendes Beyspiel. Als ein Günstling des Richelieu, der in ihm den Saamen zu demjenigen ungemessenen Ehrgeitze, von welchem er selbst besessen war, wahrnahm, wurde er dem Könige durch diesen Minister als ein Mensch vorgestellet, der ohnerachtet seiner Jugend, die allergrösten Talente zeigte und in der Folge zu den wichtigsten Stellen geschickt werden würde. Sobald Cinq-Mars aber durch seine Annehmlichkeiten, welche er fast in allen Arten besaß, einige Gewalt über das Gemüth des Königs erlangt hatte, wurde er von diesem Augenblicke an der Gegenstand des Hasses und der Eifersucht des Cardinals, der auf weiter nichts dachte, als ihn unglücklich zu machen. Cinq-Mars, der davon unterrichtet wurde, wolte ihm zuvorkommen, und schmeichelte sich das Vertrauen des Königs, dessen Günstling er worden war, würde ihm die Mittel dazu leicht verschaffen. Allein er betrog sich. Der geschickte, und in der großen Kunst der Weltklugheit und Verschlagenheit besser als er erfahrne Minister, kante allen seinen Vortheil, welchen er über einen jungen

Ver-

Verwegenen ohne Erfahrnng hatte, und erregte ihm ſo viel Verdruß und Eckel, daß er
endlich in die Schlinge fiel, die er ihm gelegt
hatte.

Der hitzige und hoffärtige Character des
Cinq-Mars erlaubte ihm nicht, die Sorge
ſeine Handlungen einzurichten, der Klugheit
zu überlaſſen. Dieſer unglückliche Günſtling,
der ſich auſſerdem ohne Rettung ſahe, ließ ſich
durch ſeinen Ehrgeiß und durch die Rache gegen den Cardinal hinreiſſen; eins und das andre verführten ihn zum Laſter, und er vergieng
ſich ſträflich gegen ſeinen König und gegen den
Staat. Richelieu war, als er dieſes ſchreck-
liche Geheimniß erfuhr, ſehr kranck, ſo daß
es ſchiene, als wäre ſeine letzte Stunde vor-
handen; allein dieſe Neuigkeit gab ihm alle
ſeine Kräfte wieder, um ſich gegen ſeinen Feind
und deſſen Mitſchuldige rächen zu können. Der
König, welcher ihn von Grund der Seelen
haßte, aber noch mehr fürchtete, war ſeit einiger Zeit in Geheim das Haupt einer Verſchwörung geweſen, welche durch die Gröſten
des Reichs angerichtet war, und welche den
Unter-

Untergang des Cardinals zum Zwecke hatte.
Allein sobald er erfuhr, daß der letztere davon
unterrichtet war, so bemächtigten sich Furcht
und Schwachheit seines Herzens. Er überließ
alle Feinde des Richelieu der Wuth des letztern,
und schämte sich selbst nicht, diesen zu Tarascon,
wo er durch seine Kranckheit zurückgehalten
wurde, zu besuchen, um sich zu Entschuldi-
gungen herunter zu lassen. Er gieng so weit,
daß er zur Schande des Königlichen Bluts,
welches dieser verwegene Vasall mit Füssen
trat, ihm seine eigene Kinder zum Unterpfan-
de anbot. Der zu glückliche Cardinal, der
über seine Feinde gleich einem grausamen und
blutdürstigen Tyrannen siegte, machte sich das
Vergnügen, seine Augen an ihrer Hinrichtung
zu weiden. Er führte seine gefesselten Schlachtopfer auf eine grausame Art in seinem Gefolge
mit sich, gleich jenen stolzen Römern, welche
die von ihnen überwundenen Könige an ihre
Triumphwagen anschließen ließen. Cinq-
Mars und de Thou waren ohnezweifel straf-
fällig, so wie ein Montmorenci, Marillac und
andre, welche Richelieu hinrichten ließ, und
deren Tod eine gerechte Bestrafung war. Allein

lein ohne die Verfolgungen des Cardinals
würden sie sich niemahls strafbar gemacht ha=
ben. Unterdessen hat es doch unter seinem Mi=
nisterio wenig ungerechte Verurtheilungen ge=
geben. Aber seine Anschläge waren alle so gut
eingeleitet, und seine Cabalen so wohl angelegt,
daß er immer Mittel fand, diejenigen, für de=
ren Gewalt er sich fürchtete, oder an welchen
er sich rächen wolte, würcklich strafbar zu ma=
chen. Dies war die Hauptgeschicklichkeit die=
ses in seinen Entwürfen so ehrgeißigen und in
seinem Haße so unbiegsamen Ministers, kein
einziger Sterblicher brachte solches je auf einen
so hohen Grad.

Die Klugheit des Cardinals begnügte sich
nicht allein damit, alle die zu entfernen, welche
ihm Verdacht erweckten. Da er wuste, daß
der König ihn nicht liebte, so hatte er keine
andere Mittel sich bey seiner Gewalt zu erhal=
ten, als sich bey seinem Herrn nothwendig zu
machen. Um dieses zu erreichen, verwickelte
er den König in unaufhörliche Kriege, welche
ihm nicht zuließen, sich eines Ministers zu ent=
schlagen, der so geschickt und so verständig war.
Diese

Durch diese kluge Politick hielt er den König
während seiner gantzen Regierung beständig
in Bewegung. Der gute Fortgang seiner Unternehmungen trug auch noch bey, sein Ansehen
bey Ludwigen, und seine Gewalt über gantz Europa zu vermehren. Man fürchtete ihn eben
so sehr als man ihn bewunderte, und der König selbst, der hertzhaft und nach Ruhm begierig war, spürte wohl, wie nöthig ihm ein dergleichen Minister zu Ausführung seiner Entwürfe war, und wie sehr derselbe seine Macht
erweitert hatte. (*) Welche Hoheit und welche
Gering-

(*) Der Cardinal von Richelieu wurde bey gu-
tem Glücke niemahlen nachläßig, so wenig
als er bey wiedrigen Begebenheiten verzwei-
felte, bey welchen ihm entweder der Zufall
half, oder sein Verstand ihm Rath verschafte.
Er entwafnete in Franckreich die Ketzerey,
erniedrigte die Großen, schwächte das Volck
und die Parlementer, und errichtete die alleinige Gewalt der Königlichen Befehle. Gele-
gentlich eignete er sich die gantze Gewalt selbst
zu; da er die Ruhe des Friedens befürchtete,
und sich unter dem Gerdusche der Waffen sicherer glaubte, stiftete er die Kriege und das
lange und schwehre Elend an, bey welchen so
viel

Geringſchätzigkeit finden ſich da nicht in einem
und dem nehmlichen Individuo verſamlet!
Welcher Zuſammenſatz von Stärcke und
Schwäche! Warum müſſen die Menſchen, ſelbſt
die wegen ihrer erhabenſten Talente und vor-
zug-

viel Blut und ſo viele Thränen, in und außer
dem Königreiche vergoſſen wurden, ſo daß es
nicht zu verwundern iſt, wenn ihn viele für
einen Mann erkläret haben, der keinen Glauben gehalten, in ſeinem Haße grauſam und
in der Rache unbiegſam geweſen. Allein ſicher
können ſie ihm diejenigen Gaben nicht abſpre-
chen, welchen die Welt großen Perſonen bey-
zulegen gewohnt iſt, und müſſen mit ſeinen
Anhängern ſo wie mit ſeinen Feinden ſelbſt
übereinkommen, zu bekennen, daß er deren
ſo viel beſaß, daß wenn er die Sachen des
Staats darnach behandelt hätte, er ſolchen
glücklich und mächtig gemacht haben würde;
ſo aber kan man nur von ihm ſagen, daß er
Franckreich verwüſtete, Italien beyſprung,
das teutſche Reich verwirrte, in Engelland
Spaltungen anrichtete, und Spanien ſehr
ſchwächte, und daß er von der Vorſehung
zum Werckzeug der großen Veränderungen
in Europa, erwählt war.

(Baptiſta Nani, Venetianiſche Geſchichte.)

II. Theil. N

züglichsten Tugenden, am allerachtbarsten Menschen, ihren Ruhm durch die schändlichsten Laster besudeln? Warum muß der Ehrgeiz die
schönsten Handlungen ihres Lebens unscheinbar
machen? Warum muß endlich sogar die Nachwelt. sich der Geschichte die sie erhebt, schämen, und warum kann sie uns nicht die merck-
würdigsten Thaten solcher berühmten Männer
erzehlen, ohne uns an ihre Laster zu erinnern?
Hoffärtiger Mensch, dessen ganzes Wesen in
nichts als Schwachheit bestehet, die dich nicht
erhebt als um dich wieder fallen zu lassen, dein
Fall ist dem menschlichen Geschlecht um so viel
gefährlicher, da die Vorzüglichkeit deines Genies macht, daß er von deinem Eigensinne besonders abhängt. Die Vergehungen gemeiner
Leute, tragen das Gepräge der Mittelmässigkeit und ihre Fehler sind immer unerheblich;
aber die Fehltritte der Grossen, sind Laster. (*)

Aus

(*) Der Mensch ist für den mittelmässigen Stand
gemacht: Wenn er einen Grad von Vollkommenheit erreicht, von welcher Art es auch
seyn mag, so gehter, so zu sagen, aus seinem
eigenen Wesen heraus, aber er nähert sich ihm
gemei-

Aus den Zügen welche ich hier vorgelegt habe, sieht man, wie viel verschiedene Gestalten der Ehrgeiß erborgt, um zu dem nehmlichen Zwecke, nehmlich seines gleichen unterwürffig zu machen, zu gelangen. Er ergreift alle Gegenstände, er ist zu allen Arten derselben fähig, und ein Ehrgeißiger findet, um eine eben so ungerechte als nicht beneidenswerthe Herrschaft zu erhalten, keine einzige derselben seiner unwürdig.

Glaubt mir mein Sohn, die Sterblichen die ich nur zu gut habe kennen lernen,
Verdienen sehr wenig daß man wünscht ihr Herr zu seyn (*)

Ein geschickterer Pinsel als der meinige, würde die unglücklichen Würckungen des Ehrgeißes, ohne Zweifel mit mehrerer Stärcke und Nachdruck entworffen haben. Das Feuer der Bil-

N 2   der,

gemeiniglich durch schimpfliche Schwachheiten wieder, und zuweilen sogar durch Laster, deren Leute von mittelmässiger Art nicht fähig gewesen seyn würden.

Moralische Gedancken u Betrachtungen über verschiedene Dinge. pag. 117.

(*) Alzire, 1. Aufzug, 1. Auftritt. Voltaire.

der, und die Hitze der Ausdrücke, würden in
die Seelen meiner Leser denjenigen Enthusiasmum übertragen haben, welchen die wahre
Beredsamkeit einflössen kan. Heilsamer Enthusiasmus, wenn der Grund dazu lobenswür-
dig ist.

Allein um Alexandern zu mahlen muß man
ein Appelles seyn.

Ohne sein Colorit zu besitzen, habe ich gleichwohl gewagt mit anzugeben. Ich habe geglaubt,
die Grösse des Vorwurfs den ich behandelt habe,
würde sich selbst hinlänglich seyn, und das Er-
habene der Sprache, welches es zu verlangen
scheint, selbst ersetzen. Ich habe geglaubt,
wenn ich das Bild der Ehrgeitzigen vorstelle,
so würde sich der Götze dem sie opffern, durch
die Handlungen seiner Verehrer viel besser zeigen, als selbst in dem Gemählde von ihren Leidenschaften. Möchte doch die Beschreibung
ihrer niederträchtigen Ränke, und ihrer schändlichen Streiche, welche mit den Nahmen von
berühmten Entwürffen und grossen Thaten, die
würdig sind die Nahmen ihrer blutdürstigen
Helden auf die späteste Nachwelt zu bringen,

ge-

gezieret werden, die Verachtung und das Mißfallen einflößen, welches sie verdienen: Daß
diejenigen erhabenen, und unseres Lobes in der
That werthen Seelen, die das Laster noch nicht
verderbt hat, und in deren Herzen die Lügen
noch keinen Eingang gefunden haben, sich in
der Uebung der Tugend durch die Betrachtung
der Unfälle, welche sogar von dem Ehrgeitze
unzertrennlich sind, immer mehr und mehr befestigen mögen. Daß die Unruhe und bestän-
dige Bewegung welche ihn begleiten, daß der
Verlust der Ruhe und der Freyheit den diese
Leidenschaft nothwendig nach sich zieht, sie für
ihrer tyrannischen Gewalt zu bewahren dienen
möge : Daß endlich die Weisheit, die allein
würdig ist das Hertz des Menschen zu erfüllen,
den tödlichsten Feind desselben, den Ehrgeitz
nehmlich, auf ewig davon entferne. Verrätherey, Treulosigkeit, Mord, und selbst Verbrechen wieder die Gottheit, sind das untrenn-
bare Gefolge des Ehrgeitzes. Wenn diese grausame Leidenschaft sich des menschlichen Hertzens
bemeistert hat, so wird alsbald alles was sich
seinen verwegenen Vorhaben widersetzt, aufgeopffert. Die ersten Ungerechtigkeiten kom-

N 3   men

men ohne Zweifel ein wenig schwehr an, allein ein Vergehen zieht das andre nach sich, und das Laster wird zuweilen sogar nothwendig. Um nicht selbst zu Grunde zu gehen muß man seinen Mitwerber unglücklich machen.   In der Zeit als man an den Processe Carls des 1ſten, arbeitete, empfand Cromwell sehr wohl wie viel Gefahr er lief, wenn der König nicht verurtheilt würde, und sagte zu seinen Vertrauten: Es gilt entweder den Kopf des Königs oder den meinigen, wie könte ich also länger unentschlossen bleiben? So redet jeder Ehrgeitzige wenn er sich in einer für die Tugend gefährlichen Verfassung befindet.   Anfänglich ist er verzagt, der Anblick des Lasters erschreckt ihn : Bald aber zieht ihn der Handel in welchen er sich unbedachtsamer weise eingelassen hat, ohne die betrübten Folgen davon vorhergesehen zu haben, wider seinen Willen mit fort.   Der Weg des Lasters wird für seinen Augen eben; so wie er nach und nach mehr strafbarer wird, verschwinden die Gewissensbisse.   Er sieht nichts mehr als die Hoheit nach welcher er strebt, und die letzte seiner Uebelthaten kostet ihm weniger als sein erster Fehler.   Die Ruhe, dieses so wünschens-

schenswerthe Glück, welche so viel Süssigkeit
und Annehmlichkeit über alles was uns umgiebt,
verbreitet, ist aus seinem Herzen auf immer
verbannet. Die Einsamkeit wird demjenigen
abscheulich, der sein voriges Leben keinen Au=
genblick betrachten kan, ohne Missethaten und
frevelhafte Unternehmungen darinnen zu finden;
und was ihn auf den Gipfel der Verzweiflung
bringen muß, ist, daß er sieht wie diese Miß=
handlungen und Frevelthaten, selbst noch neue
dergleichen erfordern, um zu verhindern daß
die erstern nicht gestraft werden. Alles was
ihn umgiebt räuchert seinen Lastern, nur darum,
weil man ihre Würckungen fürchtet. Von nie=
drig denckenden Höflingen und noch niederträch=
tigern Schmeichlern umgeben, befindet er sich
ohne Trost und ohne Freunde, mit seinen Ge=
wissensbissen allein; und verzehrende Reue ist
der einzige Gesellschafter seiner Scham. Daß
doch das Glück eines ruhigen und tugendhaften
Lebens, die betrügerische Trunckenheit der Lei=
denschaften bey ihm zerstreuen möchte; daß doch
diejenige reine Freude welche die Tugend ein=
flößt, auch sogar nur den Gedancken von uner=
laubten Vergnügungen, von ihm entfernen
möchte. Zärtlicher Vater, rechtschaffener
Freund, getreuer Ehegatte, tugendhafter Bür=
ger; nicht große Nahmen, nicht hohe Ehren=
stellen, nicht Ueberfluß, ist es was ihr euren
Kindern und euren Freunden zu verschaffen su=
chen

chen werdet, ihr werdet ihrer Unſchuld keine
Fallſtricke legen; und ihre Herzhaftigkeit durch
die betrügeriſche Lockſpeiſe der Vergnügungen
und der Gröſſe, nicht entkräften; aber ihr wer=
det ihnen Tugenden zum nachahmen vorlegen,
ihr werdet ihnen durch euer Beyſpiel, das uns
ſchäzbare Glück ſich ſelbſt ohne Unruhe und ohne
Vorwürffe zu genieſſen, ſchmecken lernen, und
dieſe für andern ſo vorzügliche Glückſeligkeit,
wird machen, daß ſie die eingebildete Ehre,
welche man nicht anders als auf Koſten ſeiner
Ruhe und ſeiner Tugend erkauft, ohne alle
Reue unter die Füſſe treten werden.

Hier ſieht man alſo den Menſchen mit allem
ſeinem Elend. Die Leidenſchaften ſind ſeine
Nahrung, und es ſcheint als lebte er nur für
ſie. Seine Kindheit iſt nichts als Unvollkom=
menheit und Schwachheit; und ſo bald die erſten
Stralen der Vernunft ſich aufzuklären ſcheinen,
ſo entwickelt ſich der Keim ſeiner Neigungen, die
unerſchöpfliche Quelle unſerer Laſter und unſrer
Unglücksfälle. Ein Kind verlangt alles auf
eine übertriebene Art, und wenn man ſeine
Begierden nicht faſt eben ſo bald befriedigt, als
ſie entſtanden ſind, ſo wallt das Blut in ſeinen
Adern, der Zorn entflamt es, es weint, es
ſchreyt, es droht denen welche ihm Widerpart
halten, und man entgeht ſeinem Eifer nicht an=
ders als durch Gewalt oder durch Entfernung.

Als

Alsdenn schon zeigt es, wie heftig seine Leidenschaften seyn werden, wenn es sich denenselben
ohne Zwang wird überlassen können: Da sein
Unvermögen ihm noch zur Zeit keine andre
Waffen als seine Thränen zu läßt; so vergießt
es deren in Ueberfluß, und die Schwachheit
derer die um dasselbe sind, befördern indem sie
solche zur Kraft kommen lassen, die Reise seiner Leidenschaften, anstatt daß sie solche in ihrer Geburt ersticken solten. (*)   Man hoft,
wider alle Wahrscheinlichkeit, das Alter werde diese herrschsüchtige Gewalt, welche man
an den meisten Kindern wahrnimt, verbessern.
Die Erfahrung dient in diesem Betracht, so
wie in vielen andern Dingen, zu nichts, und
man

(*) Das was das Geschrey der Kinder am meisten unterhält, ist die Achtsamkeit welche man
hat; es entweder zu stillen, oder es zu verhindern. Sie brauchen, um einen ganzen Tag
zu weinen, öfters nichts mehr, als nur gewahr
zu werden man wolle daß sie nicht weinen sollen: Man schmeichle ihnen oder man bedrohe
sie, alle Mittel welche man gebraucht sie zum
Stillschweigen zu bringen, sind schädlich und
fast immer ohne Frucht: So lange man sich
bey ihrem Geschrey aufhält, so ist es ein Beweggrund für sie, es fortzusetzen; allein sie ändern sich bald, wenn sie sehen daß man nicht
Acht darauf giebt: Denn niemand weder groß
noch klein macht sich gern vergebliche Mühe.

Die neue Heloise des Hrn. Rousseau. pag. 135.

man erwartet beſtändig von der Vernunft ein
Mittel, wider die Uebel welche man durch übel
angebrachte Zärtlichkeit oder Mitleiden, un=
heilbar gemacht hat.

Vergebens ſucht in unſern verliebten Herzen,
　Die Vernunft ſich Gehör zu verſchaffen;
Wenn die Liebe mich überwältigt
　So getraut die Vernunft ſich nicht,
　Gegen eine ſo gefährliche Neigung etwas
　　zu unternehmen:
Wie könte ſie auch wohl Bande wieder zer=
　　reiſſen,
　Gegen welche ſie mich nicht hat vertheidi=
　　gen können?(*)

Ach! Dieſe Vernunft ſelbſt, deren der menſch=
liche Stolz ſich mit ſo vieler Dreiſtigkeit rühmt,
iſt nichts als ein ſehr leichtes verwahrungs Mit=
tel gegen die Leidenſchaften, welche ihre Herr=
ſchaft ſchon ehender errichtet haben, bevor ſie
die ihrige erlangt hat; und wenn ſie auch die=
ſen Grad von Macht erreicht hat, deſſen die Ju=
gend nicht fähig iſt, was vermag ſie wohl wei=
ter gegen die Natur, deren Trieb uns anreißt,
uns denen Neigungen welche ſie einflößt, zu
überlaſſen? So bald die Sinne anfangen ſich
zu regen, ſo theilt ſich eine ſanfte Erſchütterung
jeder Ader mit, und beſchleuniget die Bewegung
des Geblüts; die Hitze welche ſie erregt, ver=
　　　　　　　　　　　　　　　　　brei=

(*) Tancrede, eine Oper, 1. Aufzug, 1. Auftritt.

breitet ein unbekantes Feuer über unser ganzes
Wesen, welches sich unsrer Seele mittheilet,
und gar bald eine allgemeine Entzündung verursacht.   Die Liebe bemächtigt sich aller Kräfte.
So lange diese physicalische Leidenschaft herrscht,
so überlassen ihr alle Moralische die Herrschaft,
und haben keine andre Gewalt, als in so weit
die Liebe sie regiert.   Hochmuth, Eitelkeit, Eifersucht, Zorn, Neid, ja der Ehrgeitz selbst,
stehen unter ihrem Befehl.   Die Liebe spricht,
und alles gehorcht.   Allein da die Herrschaft
des sinnlichen Gefühls, ihre bestimte Zeit hat,
so verliehrt die Liebe ihre Rechte, so bald als
das Physicalische seine Gewalt verlohren hat:
Das Moralische welches ihm vorher unterwor-
fen war, regiert nun auch seiner Seits, und
um so viel unumschränckter, da indem es gar
nicht gesättiget werden kan, seine Begierden
durch den guten Fortgang immer mehr wachsen.
Die an diese Bewegung, welche die Aufwallung der Sinne immer in ihr eregte, gewöhnte
Seele, sucht das Leere wieder auszufüllen,
welches eine so flüchtige Leidenschaft als die Liebe ist, darinnen gelassen hat.   Der Ehrgeitz
bietet sich diesem nach Unruhe und Ketten so begierigen Hertzen, bald an.   Bey nahe wider
Willen, von dieser den unglücklichen Sterblichen so natürlichen Unruhe, fortgezogen, sucht
es das Glück das es ohne Aufhören fliehet, vergebens.   Noch glücklich genug wenn die Fehler

ler der Menschen sie nicht in Laster stürzen, und
der Abscheu für Boßheit, oder die Reue daß
sie sich durch ihre betrügerischen Lockungen haben
verführen lassen, sie auf den Weg der Tugend
zurück bringt. O Tugend! Du göttlicher Ab-
stämling, dem ich gegenwärtiges Werck weihe,
bewafne die schwachen Menschen mit deiner sieg-
haften Herzhaftigkeit. Bewahre sie für denen
betrügerischen Schlingen, welche die Leidenschaften ihrer Unschuld legen. Armselige Wesen,
in der Jugend werden sie durch die Sinne verführt: Bey reifern Alter thun es die falschen
Vorstellungen von Grösse, unter der Larve der
Vernunft. Du allein, o Tugend, kanst sie
über die Menschlichkeit erheben, wenn du sie
aus ihrer eigenen Sclaverey befreyest. Glücklich ist derjenige, den die Scham über seine
vergangenen Vergehungen, in deinen Schoos
zurück führt, um darinnen diejenige Ruhe zu
finden welche er in Verfolgung der Vergnügungen und der Ehrenstellen vergeblich suchte;
aber noch tausendmahl glücklicher ist der, welcher dich niemahlen verließ, und dessen treuer
Führer du jederzeit warest. Der lasterhafte
Mensch schmachtet unter den Fesseln, die er sich
selbst geschmiedet hat. Der Weise allein ist
frey, und hat seine Freyheit und sein Glück,
dir zu dancken.

E N D E.